应急管理“十四五”系列教材
中国矿业大学“十四五”规划教材

应急管理实践教程

中国矿业大学公共安全与应急管理教研室　组织编写
施　炜　刘秀凤／主　编

中国矿业大学出版社
·徐州·

图书在版编目(CIP)数据

应急管理实践教程 / 施炜，刘秀凤主编. — 徐州：中国矿业大学出版社，2023.12

ISBN 978-7-5646-6107-6

Ⅰ.①应… Ⅱ.①施… ②刘… Ⅲ.①公共安全—突发事件—安全管理—教材 Ⅳ.①D035.29

中国国家版本馆 CIP 数据核字(2023)第 250707 号

书　　名	应急管理实践教程 Yingji Guanli Shijian Jiaocheng
主　　编	施　炜　刘秀凤
责任编辑	姜　翠
出版发行	中国矿业大学出版社有限责任公司 (江苏省徐州市解放南路　邮编 221008)
营销热线	(0516)83885370　83884103
出版服务	(0516)83995789　83884920
网　　址	http://www.cumtp.com　**E-mail**:cumtpvip@cumtp.com
印　　刷	苏州市古得堡数码印刷有限公司
开　　本	710 mm×1000 mm　1/16　**印张** 23　**字数** 410 千字
版次印次	2023 年 12 月第 1 版　2023 年 12 月第 1 次印刷
定　　价	69.00 元

(图书出现印装质量问题，本社负责调换)

前　言

党的十八大以来，习近平总书记指引广大青年深入新时代中国特色社会主义伟大实践，在实践中学真知、悟真谛，加强磨炼、增长本领，强调“学习是成长进步的阶梯，实践是提高本领的途径”，为新时代人才成长指明了方向。应急管理学科是为满足国家重大现实需求而设立的新兴学科，有助于积极推进应急管理体系与能力现代化，应面向应急管理实践中的现实问题开展研究。因此，发展和强化实践教学是应急管理学科健康发展的重要保障。

本教材顺应当前党和国家对应急管理学科和人才培养的需要，根据应急管理知识体系和能力要求，精心设计了应急管理课程实验、能力实训、社会实践等实践教学内容。本书分为基础篇、专业篇和拓展篇。一方面，涵盖了遥感技术、信息管理系统技术基本操作、数据建模等应急管理所需的基础技能，旨在培养学生的数据获取、分析和管理能力。另一方面，条块结合覆盖应急管理全周期管理，根据应急管理流程中的核心环节精心编制了风险评估与管理、应急预案与演练、应急决策与指挥、危机沟通与舆情治理等专业实践内容，以此作为专业理论教学的验证、强化和拓展，旨在培养学生的业务操作能力；着重设计了公共安全管理、安全生产管理、灾害防治管理三大领域的综合实践内容，以此培养学生在重要场景下熟练运用多元技能解决现实问题的能力。习近平总书记强调：“要发挥我国应急管理体系的特色和优势，借鉴国外应急管理有益做法，积极推进我国应急管理体系和能力现代化。”为培养学生国际视野和综合素质能力，本书设置了英文文献检索与批判性阅读、能力素质拓展训练和应急能力综合实训等实践教学环节，进一步拓展学生的视野和思维、培养学生的团队精神和职业认同、锻造学生意志等。

本教材的适用对象是应急管理及相关专业的本科生、硕士生以及其他有兴趣致力于应急管理领域学习、研究与工作的读者，也可作为从事应急管理教育、培训工作的教师开展实践教学的教学用书。为打造一本"可读、可用、可靠"的全新教科书，编者团队着力改革创新，首先以学生为中心，为每个实践内容搭建了符合学生认知规律的"介—导—学—用—思—评"的学习框架，以循循善诱的陪伴式教学，明确学习任务，让学生在兴趣驱动下实现自主探究；其次以集成为逻辑，将理论—方法—实践有机统一，在理论知识基础上教以方法技能，创设方法运用情境进行实践教学，以系统集成式教学实现知识向能力的发展；最后以问题为驱动，以现实案例为实践背景，精心构建突发事件的情景态势，以身临其境的案例解构式教学搭建学生认知社会的桥梁、加深学习体验，从而实现"教材"与"学材"的有机融合。

本教材是公共安全与应急管理教研室集体智慧的结晶。教材成稿过程中得到了陈静、国安东、李静、李龙、王超、王燕青、隋虹均、时如义、许超、徐伟义、张彦华、周云圣等老师的专业性支持。教材出版得到了中国矿业大学"十四五"规划教材的立项资助，在此表达深深的谢意。

由于应急管理实践教学仍处于初步探索期，书中难免存在疏漏、不足及错误之处，恳请读者不吝赐教并与我们联系，让我们一道共同推动应急管理实践教学的发展。

编 者

2023 年 12 月

目　录

基础篇　应急管理基础课实践

1　遥感原理与应用基础操作 …… 3

实验 1　遥感图像预处理 …… 4

实验 2　遥感图像分类 …… 12

2　遥感原理与应用技能训练 …… 19

实验 1　城市遥感影像处理实验 …… 20

实验 2　城市遥感影像预处理实验 …… 25

实验 3　城市土地资源调查与评价实验 …… 30

实验 4　城市土地资源图像分割与分类实验 …… 35

3　管理运筹学 …… 40

实验 1　管理运筹学在应急管理中的应用 …… 41

实验 2　线性问题的建模与求解 …… 46

4　应急数据建模与分析 …… 50
实验 1　数据收集与处理 …… 51
实验 2　数据分析与建模 …… 56
实验 3　结果解读与报告撰写 …… 61
实验 4　典型应急管理实践问题的建模与分析 …… 65

5　英文文献检索与批判性阅读 …… 70
实训 1　英文文献检索 …… 71
实训 2　批判性阅读 …… 82
实训 3　英文文章撰写 …… 89

专业篇　应急管理专业课实践

1　应急管理信息系统基础操作 …… 99
实验 1　应急管理信息系统概述 …… 100
实验 2　空间分析方法及应用 …… 105
实验 3　区域生态安全格局构建 …… 115

2　应急管理信息系统技能训练 …… 122
实验 1　应急管理信息系统综合实验 …… 123
实验 2　应急资源调度实验 …… 130
实验 3　突发事件监测与预警实验 …… 138
实验 4　应急指挥与协同实验 …… 144

3　公共安全管理 …… 151
实践 1　公共安全现场体验 …… 152
实验 2　模拟突发事件新闻发布会 …… 157

实验 3 模拟公共安全听证会 …… 166

4 风险评估与管理 …… 174
实验 1 风险评估准备实验 …… 175
实验 2 风险评估过程实验 …… 183
实验 3 风险应对与处置实验 …… 192

5 安全生产管理理论与实务 …… 199
实验 1 危化企业安全生产管理桌面演练 …… 200
实践 2 企业安全生产现场实践 …… 209
实验 3 消防演练模拟实验 …… 216

6 灾害防治管理 …… 222
实验 1 自然灾害严肃游戏 …… 223
实验 2 自然灾害防治故事地图演示 …… 234

7 应急预案与演练 …… 241
实验 1 应急预案编制实验 …… 242
实验 2 多场景的应急演练组织与评估虚拟仿真实验 …… 251
实训 3 桌面演练 …… 260
实训 4 综合实战演练 …… 268

8 应急决策与指挥 …… 275
实验 1 公共安全应急决策实验 …… 276
实验 2 应急决策多维融合互动实验 …… 289
实践 3 应急指挥中心实践教学 …… 298

9 危机沟通与舆情治理 …… 303
实验 1 模拟邻避危机沟通 …… 304
实验 2 网络舆情回应实验 …… 312

实验 3　网络舆情管理实验 …… 318

拓展篇　应急管理能力实践

1　能力素质拓展训练 …… 325

2　应急能力综合实训 …… 332
实训 1　应急职业素养训练 …… 333
实训 2　应急处置能力训练 …… 338
实训 3　应急救援能力训练 …… 349
实训 4　应急能力社会实践 …… 356

1

基础篇

应急管理基础课实践

1 遥感原理与应用基础操作

姓名：____________ 学号：____________

专业：____________ 班级：____________

组序：____________ 学期：____________

实验1　遥感图像预处理

（建议学时：4）

一、实验概述

遥感图像预处理实验是遥感技术应用中的重要环节，旨在消除和缩小遥感影像成像时因各种环境因素和传感器自身因素所导致的几何畸变和辐射量失真现象，以获得真实的地表赋存状态。

二、实验目标

（1）消除畸变。通过预处理，使处理后的图像恢复或接近目标真实情况。

（2）增强特征。增强遥感图像中的目标特征，使其易于区分和判读，为后续的图像分析、解译和业务应用提供基础。

三、实验前置知识点

（一）遥感图像的表示形式

遥感图像是对地物的光谱特征以图像的形式进行记录，地面反射或发射的电磁波信息经过地球大气达到遥感传感器，遥感传感器根据地物对电磁波的反射强度以不同的亮度表示在遥感图像上。遥感传感器记录地物电磁波的形式有两种：一种以胶片或其他光学成像载体的形式记录下来，另一种以数字的形式记录下来，两种形式之间可以相互转换。与光学图像处理相比，数字图像的处理简捷快速，并且可以完成一些光学处理方法所无法完成的各种特殊处理，随着数字图像处理设备的成本越来越低，数字图像处理变得越来越普遍。

（二）遥感图像的坐标系

遥感图像的坐标系是描述图像中像素位置及其与地球表面实际位置关系的数学框架。这些坐标系在遥感数据处理和应用中起着至关重要的作用。

1. 地理坐标系(球面坐标系)

定义:使用三维球面来定义地球表面位置,基于球体或旋转椭球体的坐标系。

组成:地球椭球体和大地基准面。

表示:使用基于经纬度的坐标系来描述地球上某个点所处的位置。

常见形式:WGS-84(Google 地图使用)、GCJ-02(火星坐标系,互联网地图常用)、BD-09(百度地图采用的百度坐标系)。

2. 投影坐标系(平面坐标系)

定义:在二维平面中进行定义,使用基于 X,Y 值的坐标系来描述地球上某个点所处的位置。

作用:将地理坐标系中的点投影到平面上,便于地图制作和地理信息系统中的空间分析。

与地理坐标系的关系:投影坐标系始终基于地理坐标系,它对应于某个唯一的地理坐标系,通常地理坐标系和投影坐标系是一对多的关系。

(三) 遥感数字图像存储格式

遥感数字图像的存储格式多种多样,这些格式的选择取决于图像数据的特性、处理需求以及后续应用。

(1) BSQ 数据格式:按波段顺序存储数据,每个波段的数据依据行号依次排列。这种格式适于对单个波谱波段中任何部分的空间(X,Y)存取。

(2) BIL 数据格式:逐行按波段依次交叉排列存储数据。这种格式提供了空间和波谱处理之间的一种折中方式。

(3) GeoTIFF:GeoTIFF 是 TIFF(Tag Image File Format)的一种扩展,通过添加地理标签(GeoTag)来存储图像的地理编码信息。GeoTIFF 支持多种色彩系统,独立于操作系统,广泛应用于地理信息系统(GIS)、摄影测量与遥感等领域。

(四) ENVI 遥感图像处理系统

ENVI 是基于交互式数据语言 IDL(Interactive Data Language)开发的一套完整的遥感图像处理系统。它提供了从图像数据的输入/输出、图像定标、图像增强、纠正、正射校正、镶嵌、数据融合以及各种变换、信息提取、图像分类到基于知识的决策树分类等一系列功能。此外,ENVI 支持与 GIS 的整合、DEM 及地形信息提取、雷达数据处理以及三维立体显示分析等功能。ENVI广泛应用于科研、环境保护、气象、石油矿产勘探、农业、林业、医学、国防与安全、地球科学、公用设施管理、遥感工程、水利、海洋、测绘勘察和城市与区域规划等领域。

四、实验步骤与内容

（一）数据准备

（1）获取遥感影像数据，这些数据可能来自不同的卫星或传感器，具有不同的分辨率和波段。

（2）确保数据完整且质量符合实验要求。

下载 Landsat 8 的 OLI 多光谱数据并将其 MTL 文件加载至软件，截图展示。

（二）几何校正

遥感图像成图时，由于各种因素的影响，图像本身的几何形状与其对应的地物形状不一致，主要包括几何位置、形状、尺寸、方位等特征。遥感图像的构像方程是指地物点在图像上的图像坐标(X,Y)和其在地面对应点的大地坐标(X,Y,Z)之间的数学关系。根据摄影测量原理,这两个对应点和传感器成像中心呈共线关系,可以用共线方程来表示。这个数学关系是对所有类型传感器成像进行几何纠正和对某些参量进行误差分析的基础。

(1) 几何粗校正:针对引起畸变的原因(例如摄影材料变形、物镜畸变、地球曲率、地球自转等)进行初步校正。

(2) 几何精校正:利用控制点(或基准影像)进行更精确的几何校正,通过数学模型来近似描述遥感图像的几何畸变过程,并重新计算控制点得到精确的变换函数。

(3) 正射校正:加入高程(DEM,数字高程模型)因素,消除地形起伏引起的图像几何畸变,提高图像的几何精度。

1. 论述遥感图像几何校正的理论基础以及应用情景。

2. 将几何粗校正、几何精校正、正射校正的操作流程截图展示。

（三）辐射定标与大气校正

遥感图像成像过程复杂，传感器接收到电磁波能量与目标本身辐射的能量是不一致的。辐射定标和辐射校正是遥感数据定量化的基本环节。辐射定标是对传感器探测值标定的方法，用以确定传感器入口处的准确辐射值。辐射校正是消除或改正遥感图像或成像过程中附加在传感器输出的辐射能量中的各种噪声的过程。

(1) 辐射定标：将图像的数字量化值（DN 值）转化为辐射亮度值、反射率或表面温度等物理量。

(2) 大气校正：消除大气对辐射的影响，将物体的反射信息从大气和太阳的信息中分离出来，以获取物体表面的真实光谱属性。

1. 论述遥感图像辐射定标与大气校正的理论基础以及应用情景。

2. 将辐射定标与大气校正（FLASH 大气校正和 QUAC 大气校正）的操作流程截图展示。

（四）图像融合

将多光谱影像与高分辨率的单波段影像进行融合，生成既有较高空间分辨率又有多光谱特征的高分辨率多光谱影像。

1. 论述遥感图像融合的理论基础以及应用情景。   2. 将遥感图像融合的操作流程截图展示。

（五）图像剪裁

根据研究区域或感兴趣区域（ROI）对遥感影像进行裁剪，去除研究之外的区域。

将遥感图像剪裁的操作流程截图展示。

(六) 图像增强

采用各种方法(例如灰度拉伸、平滑、锐化、彩色合成、主成分变换等)增强整体图像或突出图像中特定地物的信息,使图像更容易理解、解释和判读。

1. 论述遥感图像增强(灰度拉伸、平滑、锐化、彩色合成、主成分变换)的理论基础以及应用情景。

2. 将遥感图像增强(灰度拉伸、平滑、锐化、彩色合成、主成分变换)的操作流程截图展示。

五、个人总结与思考

完成实验后,请撰写总结报告,回顾自己在实验过程中的表现以及学到的知识和技能,并提出改进意见。(实验总结报告可单独打印)

六、指导教师评价

<table>
<tr><td colspan="3">(一) 过程评价(50%,满分 100)</td></tr>
<tr><td>评价指标</td><td>得分</td><td>总分</td></tr>
<tr><td>实验准备和出勤(20 分):评估学生在实验前的准备工作,包括熟悉实验目的、方法和操作步骤,了解所需的实验设备和材料,具备必要的基础理论知识和操作技能等,按时全程参与实验</td><td></td><td rowspan="4"></td></tr>
<tr><td>实验操作(20 分):评估学生在实验过程中的操作能力,包括正确设置和调整实验参数,准确、规范地完成操作步骤,灵活应对实验中可能出现的问题和困难等</td><td></td></tr>
<tr><td>实验分析(20 分):评估学生对实验数据的处理和结果分析的能力,包括正确、完整地记录和整理实验数据,合理进行数据分析,准确、有逻辑地解读实验结果,能够进行总结并给出解决办法</td><td></td></tr>
<tr><td>总结报告的撰写(40 分):评估学生撰写总结报告的能力,包括格式规范,内容完整,条理清晰,实验数据记录正确、充分、完整,分析详细透彻,心得体会深刻,有创意,论述合理详细,有自己的见解等</td><td></td></tr>
<tr><td colspan="3">(二) 结果评价(50%,满分 100)</td></tr>
<tr><td>评价指标</td><td>得分</td><td>总分</td></tr>
<tr><td>内容的丰富度(30 分)</td><td></td><td rowspan="3"></td></tr>
<tr><td>操作的完整率和正确率(30 分)</td><td></td></tr>
<tr><td>实验操作完成的效率和正确率(40 分)</td><td></td></tr>
<tr><td>最终成绩</td><td colspan="2"></td></tr>
</table>

实验2 遥感图像分类

（建议学时：4）

一、实验概述

遥感图像分类是遥感图像处理中的重要环节，旨在通过计算机算法对遥感图像中的像素点进行分类，将其归类到不同的地物类别中。

二、实验目标

遥感图像分类的主要目标是利用遥感技术获取的地表信息，通过图像分类方法提取出感兴趣的地物类型，例如植被、水体、建筑物等。这有助于我们更好地理解地表覆盖情况，为资源调查、环境监测、城市规划等提供数据支持。

三、实验前置知识点

(一) 监督分类

监督分类是一种遥感影像分类方法，它需要在分类前对影像样本区中的类别属性有先验知识，并利用这些样本类别特征作为依据和训练分类器，将每个像元归并到相对应类别中去，进而完成整幅影像的类型划分。监督分类的优点是可以利用先验知识，有选择地决定分类类别，避免出现不必要的类别，同时可以通过反复检验训练样本，来提高分类精度，避免分类中出现严重错误。

(二) 非监督分类

非监督分类是在多光谱图像中寻找、定义其自然相似的光谱集群的过程。不用对影像地物获取先验知识，仅依靠影像上不同类地物光谱（或纹理）信息进行特征提取，再统计特征的差异来达到分类的目的，最后对已分出的各个类别的实质属性进行确认。

(三) 分类后精度评定

一般采用混淆矩阵来进行分类精度的评定。检核样本区内所有像元的分类精度，统计其分类图中的类别与实际类别之间的混淆程度，对分类结果的精度进行评判。

四、实验步骤与内容

（一）数据预处理

对遥感图像进行预处理，包括几何校正、辐射校正、去噪声等，以提高图像质量，为后续分类提供准确的数据基础。

将遥感图像预处理，包括几何校正、辐射校正、去噪声等的操作流程截图展示。

（二）特征提取

特征提取是将原始图像通过一定的数字变换生成一组新的特征图像，这一组新的特征图像信息集中在少数几个特征图像上。遥感图像自动分类中常用的特征变换有主分量变换、哈达玛变换、生物量指标变换、比值变换以及穗帽变换等。

1. 论述特征提取(主分量变换、哈达玛变换、生物量指标变换、比值变换以及穗帽变换)的理论基础以及应用情景。

2. 将遥感图像特征提取(主分量变换、哈达玛变换、生物量指标变换、比值变换以及穗帽变换)的操作流程截图展示。

(三) 监督分类

(1) 选择训练样区:使用感兴趣区(ROI)工具在影像上选择不同类别的训练样区,并输入对应的地物名称。

(2) 执行分类:在主菜单中选择监督分类方法(例如最小距离法、最大似然法等),并设置相关参数,然后执行分类。

(3) 分类后处理:对分类结果进行后处理,例如改正类别名称及颜色、分类结果微调(删除或合并小斑点)、精度验证等。

1. 论述监督分类的理论基础以及应用情景。

2. 将监督分类的操作流程截图展示。

(四) 非监督分类

(1) 执行非督查分类：在主菜单中选择非监督分类方法(如 K 均值分类法、ISODATA 等)，并设置分类种类数、像元变化阈值等参数，然后执行分类。

(2) 分类结果处理：对非督查分类的结果进行后处理，包括类别确认、精度验证等。

1. 论述非监督分类的理论基础以及应用情景。

2. 将非监督分类的操作流程截图展示。

（五）分类后处理

对分类结果进行后处理，包括去除小斑点、合并相邻类别、平滑处理等，以提高分类结果的准确性和可读性。

将分类后处理（去除小斑点、合并相邻类别、平滑处理）的操作流程截图展示。

（六）精度评估

采用混淆矩阵、Kappa 系数等方法对分类结果进行精度评估，以验证分类方法的有效性和准确性。

1. 论述精度评估的理论依据。   2. 将精度评估的操作流程截图展示。

五、个人总结与思考

完成实验后，请撰写总结报告，总结自己在实验过程中的表现以及学到的知识和技能，并提出改进意见。（实验总结报告可单独打印）

六、指导教师评价

<table>
<tr><td colspan="3">（一）过程评价（50%，满分 100）</td></tr>
<tr><td>评价指标</td><td>得分</td><td>总分</td></tr>
<tr><td>实验准备和出勤（20 分）：评估学生在实验前的准备工作，包括熟悉实验目的、方法和操作步骤，了解所需的实验设备和材料，具备必要的基础理论知识和操作技能等，按时全程参与实验</td><td></td><td rowspan="4"></td></tr>
<tr><td>实验操作（20 分）：评估学生在实验过程中的操作能力，包括正确设置和调整实验参数，准确、规范地完成操作步骤，灵活应对实验中可能出现的问题和困难等</td><td></td></tr>
<tr><td>实验分析（20 分）：评估学生对实验数据的处理和结果分析的能力，包括正确、完整地记录和整理实验数据，合理进行数据分析，准确、有逻辑地解读实验结果，能够进行总结并给出解决办法</td><td></td></tr>
<tr><td>总结报告的撰写（40 分）：评估学生撰写总结报告的能力，包括格式规范，内容完整，条理清晰，实验数据记录正确、充分、完整，分析详细透彻，心得体会深刻，有创意，论述合理详细，有自己的见解等</td><td></td></tr>
<tr><td colspan="3">（二）结果评价（50%，满分 100）</td></tr>
<tr><td>评价指标</td><td>得分</td><td>总分</td></tr>
<tr><td>内容的丰富度（30 分）</td><td></td><td rowspan="3"></td></tr>
<tr><td>操作的完整率和正确率（30 分）</td><td></td></tr>
<tr><td>实验操作完成的效率和正确率（40 分）</td><td></td></tr>
<tr><td>最终成绩</td><td colspan="2"></td></tr>
</table>

2 遥感原理与应用技能训练

姓名：__________ 学号：__________

专业：__________ 班级：__________

组序：__________ 学期：__________

实验1　城市遥感影像处理实验

（建议学时：4）

一、实验概述

本实验在学生已掌握遥感原理与基础理论的前提下，以ENVI为工具手段，帮助学生熟练掌握遥感影像的基本操作技能。通过技能训练，让学生了解ENVI的操作界面（例如工具栏、图层管理、工具栏和视图区），掌握如何使用ENVI进行遥感影像的打开、输出、显示、存储等基本处理，并学会对遥感影像的裁剪、镶嵌以及波段运算等。

二、实验目标

（1）熟悉ENVI操作界面以及基本功能。
（2）掌握遥感影像的打开和存储格式。
（3）掌握遥感影像的显示、空间特征以及像元灰度值统计等。
（4）掌握遥感影像的裁剪、镶嵌和波段运算等。

三、实验前置知识点

（一）遥感影像的存储方式

遥感影像包括通过卫星、飞机或无人机获取的数据，常见的存储格式有GeoTIFF、HDF5、NetCDF等。

（二）遥感影像的不同波段组合

遥感影像通常由多个波段组成，不同波段RGB方案组合可用于不同地物的解译。

（三）遥感影像的裁剪和镶嵌

裁剪是从原始影像中提取特定区域，常用于去除不相关部分。镶嵌是将多个影像拼接成一幅完整图像，适用于拼接相邻影像或不同时间的影像。

（四）遥感影像的波段运算

波段运算是遥感影像处理中常用的一种技术，主要通过对不同波段的影像数据进行数学运算，提取特定的地物信息，广泛应用于植被监测、土地分类、水体检测等领域。

四、实验步骤与内容

（一）遥感影像的打开和存储格式

实验要求：请下载三种不同传感器生成的遥感影像，并在ENVI中进行展示和存储。请简要介绍所选取的传感器名称以及遥感影像的基本信息（时间、云量、分辨率等特征），并阐述其应用场景。

（二）不同波段RGB组合下遥感影像显示

实验要求：以Landsat 8遥感影像为基础，展示不同波段RGB组合下的遥感影像。例如，真彩色合成、假彩色合成、标准假彩色合成。请记录不同波段RGB组合下显示的效果以及应用场景。

(三)遥感影像的灰度值以及直方图统计

实验要求:查看遥感影像的像元值,并统计加载的遥感影像的图像直方图。请附上影像的直方图,并简单描述其基本信息。

(四)遥感影像的裁剪和镶嵌

实验要求:下载一个城市遥感影像,完成镶嵌和裁剪操作。注意:城市至少要跨两景遥感影像。请记录在镶嵌过程中可能遇到的问题以及解决思路,并附上镶嵌和裁剪后的结果图。

（五）计算归一化植被指数(NDVI)

实验要求：基于镶嵌的遥感影像计算其植被指数 NDVI，请附上计算的结果图，并分析其空间特征。

五、个人总结与思考

完成实验后，请撰写总结报告，总结自己在实验过程中的表现以及学到的知识和技能，并提出改进意见。（实验总结报告可单独打印）

六、指导教师评价

（一）过程评价（50%，满分 100）		
评价指标	得分	总分
实验准备和出勤（20 分）：评估学生在实验前的准备工作，包括熟悉实验目的、方法和操作步骤，了解所需的实验设备和材料，具备必要的基础理论知识和操作技能等，按时全程参与实验		
实验操作（20 分）：评估学生在实验过程中的操作能力，包括正确设置和调整实验参数，准确、规范地完成操作步骤，灵活应对实验中可能出现的问题和困难等		
实验分析（20 分）：评估学生对实验数据的处理和结果分析的能力，包括正确、完整地记录和整理实验数据，合理进行数据分析，准确、有逻辑地解读实验结果，能够进行总结并给出解决办法		
总结报告的撰写（40 分）：评估学生撰写总结报告的能力，包括格式规范，内容完整，条理清晰，实验数据记录正确、充分、完整，分析详细透彻，心得体会深刻，有创意，论述合理详细，有自己的见解等		
（二）结果评价（50%，满分 100）		
评价指标	得分	总分
内容的丰富度（30 分）		
操作的完整率和正确率（30 分）		
实验操作完成的效率和正确率（40 分）		
最终成绩		

实验 2　城市遥感影像预处理实验

（建议学时：4）

一、实验概述

本实验是在学生掌握遥感基础处理的基础上，以科学研究过程中可能面临的具体问题为导向，帮助学生掌握遥感影像的预处理技能。通过实验训练，让学生掌握遥感影像的几何校正、辐射定标、大气校正以及图形融合等预处理过程。

二、实验目标

(1) 掌握遥感影像的几何校正功能。
(2) 理解并掌握遥感影像辐射定标。
(3) 理解并掌握遥感影像的大气校正。
(4) 掌握遥感影像图像融合操作。

三、实验前置知识点

(一) 遥感影像几何校正

遥感图像在获取过程中，因传感器、遥感平台以及地球本身等方面的原因，当原始图像上各地物的几何位置、形状、尺寸、方位等特征与参考系统中的表达要求不一致时，就产生了图像几何变形。这种几何变形被称为几何畸变。遥感影像的几何校正就是为了解决这一问题。

(二) 遥感影像辐射定标

辐射定标是将图像的数字量化值(DN 值)转化为辐射亮度值、反射率或者表面温度等物理量的处理过程。

(三) 遥感影像大气校正

大气校正的目的是消除大气和光照等因素对地物反射的影响。

(四) 遥感影像融合

遥感影像融合是将低空间分辨率的多光谱图像或高光谱数据与高空间

分辨率的单波段图像重采样生成高分辨率多光谱图像的遥感图像处理技术，它可使处理后的图像既有较高的空间分辨率，又具有多光谱特征。

四、实验步骤与内容

（一）图像到图像的几何校正

实验要求：查看并分析基准图像与畸变图像之间的特征，掌握图像到图像的几何校正操作流程。请附上几何校正的结果图、校正的结果评价及其适用范围。

（二）遥感影像的辐射定标处理

实验要求：掌握 ENVI 辐射定标功能，阐述经过辐射定标的影像与原始影像的区别，并附上经辐射定标后水体、绿地和建筑三者与原始影像的光谱曲线对比图。

（三）遥感影像 FLAASH 大气校正

实验要求：掌握 ENVI 的 FLAASH 大气校正功能，并附上经大气校正后水体、绿地和建筑三者与原始图像、辐射定标图像的光谱曲线区别，然后阐述何种情况下需要采用大气校正。

（四）遥感影像的融合处理

实验要求：将经过大气校正的多光谱数据视为低分辨率影像，将辐射定标后的全色波段数据视为高分辨率影像，采用 ENVI 进行图像融合，提高多光谱图像的精度。请附上结果图，并简单分析融合后的影像基本特征。

五、个人总结与思考

完成实验后，请撰写总结报告，总结自己在实验过程中的表现及学到的知识和技能，并提出改进意见。（实验总结报告可单独打印）

六、指导教师评价

(一) 过程评价(50%,满分 100)		
评价指标	得分	总分
实验准备和出勤(20 分):评估学生在实验前的准备工作,包括熟悉实验目的、方法和操作步骤,了解所需的实验设备和材料,具备必要的基础理论知识和操作技能等,按时全程参与实验		
实验操作(20 分):评估学生在实验过程中的操作能力,包括正确设置和调整实验参数,准确、规范地完成操作步骤,灵活应对实验中可能出现的问题和困难等		
实验分析(20 分):评估学生对实验数据的处理和结果分析的能力,包括正确、完整地记录和整理实验数据,合理进行数据分析,准确、有逻辑地解读实验结果,能够进行总结并给出解决办法		
总结报告的撰写(40 分):评估学生撰写总结报告的能力,包括格式规范,内容完整,条理清晰,实验数据记录正确、充分、完整,分析详细透彻,心得体会深刻,有创意,论述合理详细,有自己的见解等		
(二) 结果评价(50%,满分 100)		
评价指标	得分	总分
内容的丰富度(30 分)		
操作的完整率和正确率(30 分)		
实验操作完成的效率和正确率(40 分)		
最终成绩		

实验3　城市土地资源调查与评价实验

（建议学时：4）

一、实验概述

本实验在学生已掌握遥感影像处理的基础上，面向城市土地资源调查这一主题，开展土地资源调查分类以及统计分析，旨在帮助学生掌握如何基于遥感影像解译目标地物。通过该实验，让学生掌握遥感影像的非监督分类、监督分类、训练样本的构建以及分类精度验证等。

二、实验目标

（1）理解监督分类和非监督分类的区别。
（2）掌握训练样本的绘制及其样本间的分离性。
（3）掌握不同监督分类方法的区别。
（4）掌握城市土地资源分类后的处理过程。
（5）掌握城市土地资源分类的精度验证。

三、实验前置知识点

（一）非监督分类

非监督分类是按照灰度值向量或波谱样式在特征空间聚集的情况划分点群或类别，再根据相似性把图像中的像素归成若干类别。

（二）监督分类

监督分类又称训练分类法，是用被确认类别的样本像元去识别其他未知类别像元的过程。

（三）分类后处理

遥感影像分类后处理主要包括更改类别颜色、小斑块处理、分类后统计以及栅矢转换等。

（四）分类精度验证

精度验证主要有混淆矩阵和 ROC 曲线两种方式，较为常用的方法为混淆矩阵。

四、实验步骤与内容

（一）城市土地资源非监督分类过程

实验要求：采用 ENVI 对大气校正后的城市遥感影像进行非监督分类。请附上非监督分类的效果图，并简单描述该方法的优缺点。

（二）城市土地资源监督分类训练样本的构建

实验要求：拟将城市用地分为耕地、绿地、水体、建筑物和其他用地等五种类型。请采用 ENVI 对遥感影像进行操作，构建五种类别的样本，并标注不同的颜色（附图）。

（三）城市土地资源监督分类结果

实验要求：根据已有训练样本，选用不同分类方法，生成多种方法分类的结果图。

（四）城市土地资源监督分类后处理

实验要求：基于监督分类后的结果，进行分类后处理（主要是对小斑块的处理），并统计分类后的结果。请附上经过分类后的处理图形以及统计结果图。

（五）城市土地资源精度验证

实验要求：采用训练样本构建的方法，建立一定比例的验证样本并采用 ENVI 对分类结果进行精度验证。请附上不同监督分类下的总体分类精度、Kappa 系数。

五、个人总结与思考

完成实验后，请撰写总结报告，总结自己在实验过程中的表现及学到的知识和技能，并提出改进意见。（实验总结报告可单独打印）

六、指导教师评价

<table>
<tr><td colspan="3">（一）过程评价(50%，满分 100)</td></tr>
<tr><td>评价指标</td><td>得分</td><td>总分</td></tr>
<tr><td>实验准备和出勤(20 分)：评估学生在实验前的准备工作，包括熟悉实验目的、方法和操作步骤，了解所需的实验设备和材料，具备必要的基础理论知识和操作技能等，按时全程参与实验</td><td></td><td rowspan="4"></td></tr>
<tr><td>实验操作(20 分)：评估学生在实验过程中的操作能力，包括正确设置和调整实验参数，准确、规范地完成操作步骤，灵活应对实验中可能出现的问题和困难等</td><td></td></tr>
<tr><td>实验分析(20 分)：评估学生对实验数据的处理和结果分析的能力，包括正确、完整地记录和整理实验数据，合理进行数据分析，准确、有逻辑地解读实验结果，能够进行总结并给出解决办法</td><td></td></tr>
<tr><td>总结报告的撰写(40 分)：评估学生撰写总结报告的能力，包括格式规范，内容完整，条理清晰，实验数据记录正确、充分、完整，分析详细透彻，心得体会深刻，有创意，论述合理详细，有自己的见解等</td><td></td></tr>
<tr><td colspan="3">（二）结果评价(50%，满分 100)</td></tr>
<tr><td>评价指标</td><td>得分</td><td>总分</td></tr>
<tr><td>内容的丰富度(30 分)</td><td></td><td rowspan="3"></td></tr>
<tr><td>操作的完整率和正确率(30 分)</td><td></td></tr>
<tr><td>实验操作完成的效率和正确率(40 分)</td><td></td></tr>
<tr><td>最终成绩</td><td colspan="2"></td></tr>
</table>

实验4　城市土地资源图像分割与分类实验

（建议学时：4）

一、实验概述

本实验基于学生已掌握的城市土地资源调查监督分类方法，介绍面向对象的图像信息提取和分类方法，旨在帮助学生了解面向对象方法的特征和优点。通过该实验训练，让学生掌握遥感影像的阈值分割方法、基于规则的信息提取以及基于样本的面向对象的图像分类方法，并比较面向对象和监督分类两种方法的精度。

二、实验目标

（1）掌握图像阈值分割方法。
（1）掌握基于规则的面向对象信息提取。
（3）掌握基于样本的面向对象的分类。
（4）了解监督分类和面向对象分类两种方法的区别以及优缺点。

三、实验前置知识点

（一）图像阈值分割方法

阈值分割方法是图像分割中的经典方法，利用图像中目标与背景在灰度的差异，通过设置阈值将像素级分成若干类，从而实现目标与背景分离。

（二）面向对象的影像分类

采用面向对象的分类技术进行感兴趣区的光谱要素的识别与提取，利用高分辨率的全色和多光谱数据，利用空间、纹理和光谱信息对图像进行分割和分类的特点，得到高精度的分类结果或者矢量输出。

四、实验步骤与内容

（一）基于阈值的城市水体分割

实验要求：根据经过大气校正的遥感影像，基于阈值的图像分割方法以

ENVI 提取水体。请附上水体的光谱值以及分割后的结果图。

（二）基于规则的城市水体提取

实验要求:基于之前经过大气校正的遥感影像,采用 ENVI 基于规则的面向对象提取方法,实现城市水体的提取。例如,水体面积要大于 500 像素,NDVI 小于 0.25,延长线小于 0.5。请附上步骤及结果图,并阐述其问题和难点。

（三）基于样本的面向对象分类

实验要求：通过创建城市训练样本（耕地、绿地、水体、建筑物和其他用地），利用 ENVI 实现基于样本的城市土地资源分类。请附上训练样本和分类结果图。

（四）面向对象的影像分类后处理

实验要求：基于 ENVI 对分类后的城市土地资源分类结果进行后处理，并统计分类后的结果。请附上经过分类后的处理图形以及统计结果图。

（五）对比监督分类和面向对象分类两种方法在城市土地资源调查中的精度和效果

实验要求：选取一定的验证样本，采用 ENVI 对分类结果进行精度验证。请附上监督分类和面向对象分类两种分类方法下的总体分类精度、Kappa 系数。

五、个人总结与思考

完成实验后，请撰写总结报告，总结自己在实验过程中的表现及学到的知识和技能，并提出改进意见。（实验总结报告可单独打印）

六、指导教师评价

(一) 过程评价(50%,满分 100)		
评价指标	得分	总分
实验准备和出勤(20 分):评估学生在实验前的准备工作,包括熟悉实验目的、方法和操作步骤,了解所需的实验设备和材料,具备必要的基础理论知识和操作技能等,按时全程参与实验		
实验操作(20 分):评估学生在实验过程中的操作能力,包括正确设置和调整实验参数,准确、规范地完成操作步骤,灵活应对实验中可能出现的问题和困难等		
实验分析(20 分):评估学生对实验数据的处理和结果分析的能力,包括正确、完整地记录和整理实验数据,合理进行数据分析,准确、有逻辑地解读实验结果,能够进行总结并给出解决办法		
总结报告的撰写(40 分):评估学生撰写总结报告的能力,包括格式规范,内容完整,条理清晰,实验数据记录正确、充分、完整,分析详细透彻,心得体会深刻,有创意,论述合理详细,有自己的见解等		
(二) 结果评价(50%,满分 100)		
评价指标	得分	总分
内容的丰富度(30 分)		
操作的完整率和正确率(30 分)		
实验操作完成的效率和正确率(40 分)		
最终成绩		

3 管理运筹学

姓名：____________ 学号：____________

专业：____________ 班级：____________

组序：____________ 学期：____________

实验1　管理运筹学在应急管理中的应用

（建议学时：4）

一、实验概述

本实验基于管理运筹学相关理论、模型与方法，并结合相关应急物资保障实训系统软件，使学生能够运用所学的管理运筹学知识，在实训系统中使用应急储备资金建立物资储备仓库、购买物资，针对不同类型的危机事件，规划统筹最优路线进行调配。教师以事件解决程度、路线规划效果、资金总量对学生的调配情况进行评价。本实验集实战性、操作性和体验性于一体，通过实践操作的方法让学生体验应急保障的行为并有所收获。

二、实验目标

（1）了解应急物资品类，不同品类的应急物资的使用条件，对存储环境、维护保养等的不同要求以及应急物资需求清单、物资信息、采购流程和指南。

（2）了解不同的物流配送方式及其优缺点。

（3）对物流配送方式的选择应充分考虑物资特征。在突发事件发生时，能够高效地进行配送物资，最大限度地节约时间和成本。

三、实验前置知识点

（一）应急物资种类

应急物资可分为13类：防护用品类、生命救助类、生命支持类、救援运载类、临时食宿类、污染清理类、动力燃料类、工程设备类、器材工具类、照明设备类、通信广播类、交通运输类、工程建筑材料类。

（二）配送方式

配送方式可以分为政府配送和社会配送两大类。政府配送的优点是易于调度，缺点是载运量有限，受财政限制。社会配送可以分为：① 配送中心配送。优点是配送中心规模比较大，种类、存储量比较多，专业性强；缺点是通常和用户有固定的配送关系，灵活度较小。② 企业配送。优点是生产制造加工企业，尤其是进行多种生产的企业，通过自己的配送系统进行配送，而不需要将产品发运分配到配送中心进行配送，成本相对较低，灵活度相对较高；缺点是载运物资的情况受企业生产产品的类型和生产能力或产量限制。

（三）运输工具

运输工具可以分为：火车（铁路）、汽车（公路）、船舶（水运）、飞机（航空）以及管道。铁路运输的优点：载运量大，连续性强，行驶速度较高，运费较低，运行一般不受气候、地形等自然条件的影响，适合中长途运输；缺点：灵活度较低。公路运输的优点：机动灵活性较大，连续性较强，适合于中、短途和价值较高产品的运输；缺点：载运量较小，运输成本较高。水运的优点：载运量大，运输成本低，适于大宗、低值和多种散装货物的运输；缺点：运行速度较慢，灵活性和连续性较差。航空运输的优点：速度快，不受地方地形条件限制，能进行长距离运输，适合于远程客运及高档、外贸货物与急需货物的运输；缺点：载运量小、运输成本高、易受气候条件影响。管道运输的优点：载运量大、运输成本低，适合于输送量大、货源比较稳定的原油、成品油、天然气和其他液态或气态物资；缺点：灵活性较差。

四、实验步骤与内容

步骤1：认识应急物资保障实训系统，了解系统的设计理念与操作使用方法。
你对应急物资保障的认知理解有哪些？
步骤2：了解应急物资类别、储存条件以及不同类型突发事件所需要的主要应急物资等基本信息。
请写出__________类突发事件所需的应急物资及其储存条件。

步骤 3:模拟突发事件,提供灾情性质、严重程度、所需物资内容及数量等信息,结合物资内容及数量等信息选择配送方式,并根据物资特征选择运输工具。
根据所给出的事件信息,你选择的配送方式和运输工具是什么?   你的依据是什么?
步骤 4:根据模拟结果,优化并设计应急物资调配运输方案。
你设计的应急物资调配运输方案是什么?   在设计过程中你遇到的困难是什么?   你是如何解决的?

五、个人总结与思考

完成实验后，请撰写总结报告，总结自己在实验过程中的表现及学到的知识和技能，并提出改进意见。（实验总结报告可单独打印）

六、指导教师评价

(一) 过程评价(50%,满分 100)		
评价指标	得分	总分
实验准备和出勤(20 分):评估学生在实验前的准备工作,包括熟悉实验目的、方法和操作步骤,了解所需的实验设备和材料,具备必要的基础理论知识和操作技能等,按时全程参与实验		
实验操作(20 分):评估学生在实验过程中的操作能力,包括正确设置和调整实验参数,准确、规范地完成操作步骤,灵活应对实验中可能出现的问题和困难等		
实验分析(20 分):评估学生对实验数据的处理和结果分析的能力,包括正确、完整地记录和整理实验数据,合理进行数据分析,准确、有逻辑地解读实验结果,能够进行总结并给出解决办法		
总结报告的撰写(40 分):评估学生撰写总结报告的能力,包括格式规范,内容完整,条理清晰,实验数据记录正确、充分、完整,分析详细透彻,心得体会深刻,有创意,论述合理详细,有自己的见解等		
(二) 结果评价(50%,满分 100)		
评价指标	得分	总分
应急物资保障认知的正确率(30 分)		
配送方式和运输工具选择的正确率(30 分)		
应急物资调配运输方案设计的科学性(40 分)		
最终成绩		

实验2　线性问题的建模与求解

（建议学时：4）

一、实验概述

充分发挥LINGO和Excel的强大计算功能，改变传统的教学手段和教学方法，将LINGO和Excel应用引入管理运筹学课堂教学，理论与应用相结合。丰富“管理运筹学”教学内容，提高学生学习兴趣，使学生能够熟练运用LINGO和Excel求解管理运筹学常见的数学模型，从而培养学生灵活运用管理运筹学相关原理及模型分析和解决应急管理实践问题的能力。

二、实验目标

（1）能在Excel表格中建立线性规划问题的模型。

（2）至少掌握一种线性规划软件的使用方法，提高应用线性规划方法解决实际问题的实践能力。

（3）通过实验，能够更深入、直观地理解和掌握线性规划的基本概念、理论和方法。

（4）能对一般的线性规划问题建立正确的线性规划数学模型，掌握Excel或LINGO线性规划模型的操作方法与步骤，能对求解结果进行简单的应用分析。

三、实验前置知识点

掌握线性规划问题及其数学模型、线性规划问题的求解、单纯形法以及线性规划问题的对偶问题与灵敏度分析等以及其在人力资源分配、管理物资存储与调配等知识在应急管理实践问题中的应用。

四、实验步骤与内容

选择合适的线性规划问题，学生可根据自己的建模能力，从教师提供的参考选题中或从其他途径选择合适的线性规划问题；针对所选的线性规划问题，运用线性规划建模的方法，建立恰当的线性规划数学模型；利用

LINGO 或 Excel 求解线性规划数学模型,并对求解结果进行应用分析。

步骤 1:问题选择(选择应急管理实践相关问题)。
你选择的问题是什么?请简要阐述选择这一问题的原因。
步骤 2:模型构建(线性规划模型)。
请根据所选问题,构建相应的数学模型。
步骤 3:利用 LINGO 或 Excel 求解。
请使用 LINGO 或 Excel 对所构建的模型进行求解。
步骤 4:结果应用分析。
请对求解结果进行分析,并提出对策建议。

五、个人总结与思考

完成实验后，请撰写总结报告，总结自己在实验过程中的表现及学到的知识和技能，并提出改进意见。（实验总结报告可单独打印）

六、指导教师评价

(一) 过程评价(50%,满分 100)		
评价指标	得分	总分
实验准备和出勤(20 分):评估学生在实验前的准备工作,包括熟悉实验目的、方法和操作步骤,了解所需的实验设备和材料,具备必要的基础理论知识和操作技能等,按时全程参与实验		
实验操作(20 分):评估学生在实验过程中的操作能力,包括正确设置和调整实验参数,准确、规范地完成操作步骤,灵活应对实验中可能出现的问题和困难等		
实验分析(20 分):评估学生对实验数据的处理和结果分析的能力,包括正确、完整地记录和整理实验数据,合理进行数据分析,准确、有逻辑地解读实验结果,能够进行总结并给出解决办法		
总结报告的撰写(40 分):评估学生撰写总结报告的能力,包括格式规范,内容完整,条理清晰,实验数据记录正确、充分、完整,分析详细透彻,心得体会深刻,有创意,论述合理详细,有自己的见解等		
(二) 结果评价(50%,满分 100)		
评价指标	得分	总分
问题选择的合理性(30 分)		
模型构建与求解的正确率(30 分)		
结果解读与对策建议的合理性(40 分)		
最终成绩		

4 应急数据建模与分析

姓名：__________ 学号：__________

专业：__________ 班级：__________

组序：__________ 学期：__________

实验1　数据收集与处理

（建议学时：4）

一、实验概述

本实验旨在通过学习使用API接口、爬虫技术等数据收集方法，掌握应急数据收集的基本方法、数据处理与分析的常用技巧，独立完成从数据收集到数据分析的全过程，为后续应急建模工作打下坚实基础。

二、实验目标

（1）了解不同类型应急数据的特征及获取途径。

（2）掌握不同类型应急数据的获取方法，可以使用八爪鱼ERP、Python等工具获取应急建模所需的数据。

（3）根据建模需要，对所获取的原始数据进行处理。

三、实验前置知识点

（一）应急数据

应急管理需要来自多个领域和维度的数据来支持决策、规划、响应和恢复工作。应急管理所需的数据类型包括灾害风险数据、应急资源数据、实时监测数据、社会经济数据、应急预案与演练数据、公众信息与反馈数据等。

（二）理论知识回顾

复习课堂教学部分所学模型与方法以及统计学基础、数据处理原理、常用数据分析方法（例如描述性统计、回归分析等）。

（三）软件工具安全

安装并熟悉Excel、SPSS、八爪鱼ERP、Python（Pandas、Numpy、Matplotlib等）以及相关数据处理与分析软件。

四、实验步骤与内容

步骤 1：了解常用数据收集与分析工具的功能特征。
请列出常用的数据收集与分析工具，并简要阐述其功能特征。
步骤 2：掌握 1～2 种相关数据收集与分析工具的使用方法。
你所选择的数据分析软件是什么？ 你对此软件的掌握程度如何？在实际操作过程中有哪些困难？

步骤 3：了解不同类型突发事件应急处置所需要的数据类型及获取途径。
请列出____________类突发事件应急处置所需要的数据。   通过哪些渠道可以获取上述数据？
步骤 4：选择某一典型突发事件，使用所学数据收集方法和相关软件获取事件相关数据，并对数据进行处理与分析。
你选择的突发事件是什么？请简要阐明原因。
请简要阐述你的数据收集、处理与分析方案。

步骤 5:根据数据分析结果,提出应急管理决策与流程优化建议。
请给出你的解决方案。

五、个人总结与思考

完成实验后,请撰写总结报告,总结自己在实验过程中的表现及学到的知识和技能,并提出改进意见。(实验总结报告可单独打印)

六、指导教师评价

(一) 过程评价(50%,满分 100)		
评价指标	得分	总分
实验准备和出勤(20 分):评估学生在实验前的准备工作,包括熟悉实验目的、方法和操作步骤,了解所需的实验设备和材料,具备必要的基础理论知识和操作技能等,按时全程参与实验		
实验操作(20 分):评估学生在实验过程中的操作能力,包括正确设置和调整实验参数,准确、规范地完成操作步骤,灵活应对实验中可能出现的问题和困难等		
实验分析(20 分):评估学生对实验数据的处理和结果分析的能力,包括正确、完整地记录和整理实验数据,合理进行数据分析,准确、有逻辑地解读实验结果,能够进行总结并给出解决办法		
总结报告的撰写(40 分):评估学生撰写总结报告的能力,包括格式规范,内容完整,条理清晰,实验数据记录正确、充分、完整,分析详细透彻,心得体会深刻,有创意,论述合理详细,有自己的见解等		
(二) 结果评价(50%,满分 100)		
评价指标	得分	总分
数据分析软件掌握情况(30 分)		
数据收集与分析的正确性(30 分)		
解决方案的合理性(40 分)		
最终成绩		

实验2 数据分析与建模

（建议学时：4）

一、实验概述

本实验旨在通过实践操作，使学生在理论学习的基础上，掌握数据分析的基本流程、数据建模的关键步骤以及常用数据分析与建模工具的使用方法。通过本实验能独立完成探索性分析、模型构建、验证与优化等过程，为解决应急管理实践问题提供数据驱动的决策支持。

二、实验目标

（1）掌握数据预处理方法，包括缺失值、异常值、重复值等问题的处理方法与技巧以及标准化、归一化等数据转换方法，确保数据质量。

（2）进行数据探索性分析，使用直方图、散点图、箱线图等图表探索数据的分布、关系及变化趋势，并计算均值、标准差、中位数及相关系数等，分析数据的基本特征以及变量间可能存在的关联程度。

（3）根据问题类型和数据特征，选择合适的数学模型（包括但不限于Logistic回归模型、模糊综合评价模型、最优化方法、微分方程模型、元胞自动机理论、决策树、随机森林模型、支持向量机模型等）。

（4）使用数据集训练模型，调整模型参数以优化性能；使用交叉验证方法评估模型性能，避免过拟合。

三、实验前置知识点

（一）理论知识回顾

回顾Logistic回归模型、模糊综合评价模型、最优化方法、微分方程模型、极值理论与方法、元胞自动机理论、决策树、支持向量机模型、随机森林模型、深度学习模型等基本理论与方法及其在应急管理中的应用。

（二）软件安全与配置

安装Python（Pandas、Numpy、Scikit-learn、Matplotlib、Seaborn等）、

RStudio、Excel、SPSS、Matlab 等数据分析与处理软件，并了解其基本的操作使用方法。

四、实验步骤与内容

步骤 1：掌握常用数据预处理方法，并对所收集数据进行预处理得到初始数据集。
常用的数据预处理方法有哪些？分别有什么作用？
步骤 2：通过探索性分析了解数据的特征。
数据探索性分析方法有哪些？分别有什么作用？
步骤 3：根据问题类型和数据特征，选取合适的数学模型。
你选择的数学模型是________________，请阐明原因。

步骤 4:使用所获取的数据集对模型进行训练,并定期评估模型性能,并根据应急实践需求进行更新与优化。
在模型训练中有哪些困难?这些困难是如何解决的?   模型训练效果如何?如何优化?
步骤 5:根据数据建模与分析结果,提出相关对策建议,并撰写实验报告。
你的对策建议是什么?

五、个人总结与思考

完成实验后，请撰写总结报告，总结自己在实验过程中的表现及学到的知识和技能，并提出改进意见。（实验总结报告可单独打印）

六、指导教师评价

(一)过程评价(50%,满分100)		
评价指标	得分	总分
实验准备和出勤(20分):评估学生在实验前的准备工作,包括熟悉实验目的、方法和操作步骤,了解所需的实验设备和材料,具备必要的基础理论知识和操作技能等,按时全程参与实验		
实验操作(20分):评估学生在实验过程中的操作能力,包括正确设置和调整实验参数,准确、规范地完成操作步骤,灵活应对实验中可能出现的问题和困难等		
实验分析(20分):评估学生对实验数据的处理和结果分析的能力,包括正确、完整地记录和整理实验数据,合理进行数据分析,准确、有逻辑地解读实验结果,能够进行总结并给出解决办法		
总结报告的撰写(40分):评估学生撰写总结报告的能力,包括格式规范,内容完整,条理清晰,实验数据记录正确、充分、完整,分析详细透彻,心得体会深刻,有创意,论述合理详细,有自己的见解等		
(二)结果评价(50%,满分100)		
评价指标	得分	总分
数据预处理方法掌握情况(30分)		
模型选择与训练情况(30分)		
对策建议的合理性(40分)		
最终成绩		

实验3 结果解读与报告撰写

（建议学时：4）

一、实验概述

在数据建模与分析中，结果的解读与报告的撰写至关重要。本实验旨在帮助学生掌握数据分析结果的解读技巧以及提高撰写高质量实验报告的能力。通过本实验，学生将能够深入理解数据分析结果的内涵，准确地解读数据背后的信息，并学会如何撰写结构清晰、逻辑严密、内容翔实的实验报告。

二、实验目标

(1) 掌握如何根据数据统计结果判断数据的分布特征、关系及趋势。

(2) 掌握数据可视化的基本原理和方法以及如何使用图表展示数据分析结果，并从中提取有用信息。

(3) 掌握模型评估的标准和方法。

(4) 掌握实验报告的基本结构与撰写方法。

三、实验前置知识点

掌握高等数学、多元统计分析、概率论与数理统计、管理运筹学等基本理论与方法以及Logistic回归模型、模糊综合评价模型、微分方程模型、极值理论与方法、元胞自动机理论、决策树、支持向量机模型、随机森林模型、深度学习模型等的基本参数及含义。

四、实验步骤与内容

步骤1：掌握常用数据可视化的基本原理和方法。
数据可视化的方法有哪些？如何实现？

步骤 2:掌握如何根据数据统计分析结果判断数据的分布特征、关系及趋势。
请简述数据分析的流程与步骤。
步骤 3:掌握模型评估的标准和方法,并对所建立模型进行评估与优化。
请选择合适的评价方法对所构建模型进行评价,并给出优化方案。
步骤 4:根据数据建模与分析结果进行讨论,并提出对策建议。
你提出的对策建议是什么?

五、个人总结与思考

完成实验后，请撰写总结报告，总结自己在实验过程中的表现及学到的知识和技能，并提出改进意见。（实验总结报告可单独打印）

六、指导教师评价

（一）过程评价（50%，满分 100）		
评价指标	得分	总分
实验准备和出勤（20 分）：评估学生在实验前的准备工作，包括熟悉实验目的、方法和操作步骤，了解所需的实验设备和材料，具备必要的基础理论知识和操作技能等，按时全程参与实验		
实验操作（20 分）：评估学生在实验过程中的操作能力，包括正确设置和调整实验参数，准确、规范地完成操作步骤，灵活应对实验中可能出现的问题和困难等		
实验分析（20 分）：评估学生对实验数据的处理和结果分析的能力，包括正确、完整地记录和整理实验数据，合理进行数据分析，准确、有逻辑地解读实验结果，能够进行总结并给出解决办法		
总结报告的撰写（40 分）：评估学生撰写总结报告的能力，包括格式规范，内容完整，条理清晰，实验数据记录正确、充分、完整，分析详细透彻，心得体会深刻，有创意，论述合理详细，有自己的见解等		
（二）结果评价（50%，满分 100）		
评价指标	得分	总分
数据可视化方法与工具的掌握情况（30 分）		
模型评价指标与方法的准确性（30 分）		
结果分析与对策建议的合理性（40 分）		
最终成绩		

实验4　典型应急管理实践问题的建模与分析

（建议学时：4）

一、实验概述

应急数据建模与分析是应急管理领域的重要工具，旨在通过数学模型和数据分析方法，对突发事件应急管理过程进行预测、评估和优化。本实验旨在让学生通过使用所学数学模型及数据分析方法，选取典型应急管理实践问题，收集数据、构建模型，并采用相关软件进行模型求解，使结果可视化并撰写研究报告，然后提出进一步优化应急管理流程的对策建议，进而提升学生使用数学工具解决应急管理实践问题的能力。

二、实验目标

（1）掌握应急数据建模与分析的基本流程与方法。

（2）掌握如何根据应急实践问题，选取合适的数学模型。

（3）掌握数据收集和预处理、数据分析与可视化、数据分析结果解读及撰写研究报告的相关方法与技巧。

（4）可以根据数据建模与分析结果，提出具有针对性的对策建议。

三、实验前置知识点

掌握Logistic回归模型、模糊综合评价模型、微分方程模型、极值理论与方法、元胞自动机理论、决策树、支持向量机模型、随机森林模型、深度学习模型等常用模型的基本理论与方法；Python、Matlab、RStudio、SPSS、Excel等常用数据建模软件的使用方法。

四、实验步骤与内容

步骤 1：回顾数据建模与分析的基本流程与方法。
简要阐述数据建模与分析的基本流程。
步骤 2：典型应急管理实践问题的选取与提炼。
结合课程学习内容，选取典型应急管理实践问题，并简要阐明选择理由及事件特征。
步骤 3：根据所选取问题的特征，建立合适的数学模型。
你所建立的数学模型是＿＿＿＿＿＿＿，依据是什么？

<table>
<tr><td>步骤 4：数据收集、分析与可视化。</td></tr>
<tr><td>你的数据来源是什么？

你所使用的数据分析方法是什么？

</td></tr>
<tr><td>步骤 5：撰写实验报告并进行小组汇报。</td></tr>
<tr><td>在实验过程中，小组是如何分工合作的？

在此过程中，遇到了哪些问题？是如何解决的？

</td></tr>
</table>

五、个人总结与思考

完成实验后，请撰写总结报告，总结自己在实验过程中的表现及学到的知识和技能，并提出改进意见。（实验总结报告可单独打印）

六、指导教师评价

(一) 过程评价(50%,满分 100)		
评价指标	得分	总分
实验准备和出勤(20 分):评估学生在实验前的准备工作,包括熟悉实验目的、方法和操作步骤,了解所需的实验设备和材料,具备必要的基础理论知识和操作技能等,按时全程参与实验		
实验操作(20 分):评估学生在实验过程中的操作能力,包括正确设置和调整实验参数,准确、规范地完成操作步骤,灵活应对实验中可能出现的问题和困难等		
实验分析(20 分):评估学生对实验数据的处理和结果分析的能力,包括正确、完整地记录和整理实验数据,合理进行数据分析,准确、有逻辑地解读实验结果,能够进行总结并给出解决办法		
总结报告的撰写(40 分):评估学生撰写总结报告的能力,包括格式规范,内容完整,条理清晰,实验数据记录正确、充分、完整,分析详细透彻,心得体会深刻,有创意,论述合理详细,有自己的见解等		
(二) 结果评价(50%,满分 100)		
评价指标	得分	总分
数据建模与分析方法掌握情况(30 分)		
案例选择合理性(30 分)		
实验报告与小组汇报情况(40 分)		
最终成绩		

5 英文文献检索与批判性阅读

姓名：__________ 学号：__________

专业：__________ 班级：__________

组序：__________ 学期：__________

实训1　英文文献检索

（建议学时：6）

一、实训概述

本实训旨在培养学生掌握检索英文文献的基本方法和技巧，提高学生获取和利用英文文献的能力。学生通过实践操作，学习如何快速准确地检索到所需英文文献，并掌握英文文献的筛选和评估方法。本实训注重培养学生的信息素养和批判性思维能力。学生将学习如何评估英文文献的质量和可靠性以及如何合理利用英文文献资源进行学术研究和创新。同时，课程还强调信息安全和知识产权的重要性，培养学生的法律意识和责任感。

二、实训目标

（一）掌握英文文献检索技能

通过实训课程，学生能够熟练掌握使用英文文献数据库进行检索的方法和技巧，包括了解不同数据库的特点、掌握检索语言的运用、熟悉检索策略和步骤等。

（二）提高信息筛选和评估能力

在检索到大量英文文献后，学生需要学会如何快速筛选和评估英文文献的质量和相关性。这要求学生具备批判性思维能力，能够准确判断英文文献的学术价值、可靠性和适用性。

（三）培养信息素养

本实训旨在培养学生的信息素养，包括信息意识、信息能力和信息道德。学生应能够意识到信息的重要性，具备获取、处理、分析和利用信息的能力，并遵守道德和法律法规。

三、实训前置知识点

（一）英文文献与情报的基本知识

文献是记录有知识的载体，以文字、图像、符号、声频、视频等作为记录手段，将信息或知识记录、描述在物质载体上，能起到存储和传播信息情报与知识作用。情报是被传递的有用知识，是知识的一部分，情报蕴含于文献中，但并非所有文献都是情报。

（二）英文文献的类型与特点

学生需要了解英文文献的类型，例如印刷型英文文献（纸本英文文献）、感光型英文文献、机读型英文文献（电子英文文献）等及其特点和存储方式，还需了解不同出版形式的英文文献，例如图书、期刊、报纸、科技报告、会议文献等的特点和用途。

（三）英文文献检索的基本原理和流程

学生需要掌握英文文献检索的基本原理，包括检索工具的选择、检索策略的制定、检索结果的筛选和评估等。了解英文文献检索的基本流程，从确定检索需求、选择检索工具、输入检索词、执行检索到获取检索结果，每个环节都需要熟练掌握。

（四）常用的英文文献检索工具和数据库

学生需要熟悉常用的英文文献检索工具和数据库，例如 PubMed、Embase、Web of Science、Scopus 等。了解相关数据库的特点、收录范围、检索界面和检索字段等，以便在实际检索中能够灵活运用。

（五）布尔逻辑运算符的使用

布尔逻辑运算符（AND、OR、NOT）在文献检索中起着至关重要的作用。学生需要掌握这些运算符的使用方法和优先级，以便在检索过程中能够准确连接关键词，形成有效的检索式。

（六）英文文献筛选与评估方法

在检索到大量英文文献后，学生需要学会如何快速筛选和评估英文文献的质量和相关性。这包括了解英文文献的发表时间、作者、期刊、引用次数等指标并掌握英文文献评估的基本原则和方法。

四、实训步骤与内容

（一）实训准备

明确检索目的：在开始检索之前，需要明确检索目的，即需要查找哪方面的英文文献，这有助于后续关键词的确定和检索策略的制定。

了解数据库：熟悉将要使用的英文文献数据库，包括其特点、收录范围、检索界面和检索字段等，以便在实际检索中能够灵活运用。

你的检索目的是什么？
在检索过程中遇到了哪些困难？
上述困难是如何解决的？

（二）确定检索关键词

主题分析：根据检索目的，对主题进行细致分析，明确需要查找的具体内容。

关键词提取：从主题中提取出关键词，这些关键词应能够准确反映需要查找的内容。同时，考虑关键词的多种表述方式，例如近义词、同义词等，以扩大检索范围。

你的检索关键词是什么？
在检索过程中遇到了哪些困难？
上述困难是如何解决的？

（三）选择检索工具和数据库

选择检索工具和数据库：根据检索需求和数据库特点，选择合适的检索工具和数据库，例如 PubMed、Embase、Web of Science 等。

进入数据库：通过学校图书馆或其他途径进入所选数据库。

你的检索数据库是什么？
在检索过程中遇到了哪些困难？
上述困难是如何解决的？

（四）执行检索

输入关键词：在检索框中输入关键词，注意关键词之间的逻辑关系，正确使用布尔逻辑运算符（AND、OR、NOT）进行链接。

设置检索字段：根据需要选择检索字段，例如标题、摘要、关键词等。

执行检索：点击开始检索按钮，执行检索操作。

你的检索流程是什么？
在检索过程中遇到了哪些困难？
上述困难是如何解决的？

(五)筛选与评估检索结果

初步筛选:根据检索结果,初步筛选出与检索目的相关的英文文献。

详细评估:对初步筛选出的英文文献进行详细评估,包括查看英文文献的发表时间、作者、期刊、引用次数等指标以及阅读英文文献的摘要或全文,以确定其是否符合检索需求。

你的检索结果是什么?
在检索过程中遇到了哪些困难?
上述困难是如何解决的?

(六) 获取与利用英文文献

下载英文文献:对于符合检索需求的英文文献,进行下载或保存。

阅读与分析:仔细阅读英文文献的全文,分析其研究内容、研究方法、研究结果和研究结论等,以便为自己的研究提供参考。

管理英文文献:使用英文文献管理软件(例如 Endnote)对下载的英文文献进行管理和分类,以便后续查找和使用。

你是如何进行英文文献管理的?
在英文文献管理过程中遇到了哪些困难?
上述困难是如何解决的?

（七）实训总结

总结检索过程：回顾整个检索过程，总结自己在检索过程中遇到的问题和解决方法。

总结检索效果：评估检索结果的质量和数量，总结自己的检索策略和方法是否存在不足，以便在后续检索中进行改进。

你的实训总结是什么？
在实训过程中遇到了哪些困难？
上述困难是如何解决的？

五、个人总结与思考

完成实训后，请撰写总结报告，总结自己在实训过程中的表现及学到的知识和技能，并提出改进意见。（实训总结报告可单独打印）

六、指导教师评价

(一) 过程评价(50%,满分 100)		
评价指标	得分	总分
实训准备和出勤(20 分):评估学生在实训前的准备工作,包括熟悉实训目的、方法和操作步骤,了解所需的实训设备和材料,具备必要的基础理论知识和操作技能等,按时全程参与实训		
实训操作(20 分):评估学生在实训过程中的操作能力,包括正确设置和调整实训参数,准确、规范地完成操作步骤,灵活应对实训中可能出现的问题和困难等		
实训分析(20 分):评估学生对实训数据的处理和结果分析的能力,包括正确、完整地记录和整理实训数据,合理进行数据分析,准确、有逻辑地解读实训结果,能够进行总结并给出解决办法		
总结报告的撰写(40 分):评估学生撰写总结报告的能力,包括格式规范,内容完整,条理清晰,实训数据记录正确、充分、完整,分析详细透彻,心得体会深刻,有创意,论述合理详细,有自己的见解等		
(二) 结果评价(50%,满分 100)		
评价指标	得分	总分
文献检索结果的准确性和全面性(30 分)		
文献筛选与评估能力(30 分)		
文献管理与应用能力(40 分)		
最终成绩		

实训 2　批判性阅读

（建议学时：6）

一、实训概述

本实训课程通过引导学生深入分析和评价英文文献，帮助其掌握批判性阅读的方法和技巧，从而能够更准确地理解英文文献内容，评估英文文献的质量和价值，并提出自己的见解。本实训课程还会安排小组讨论、角色扮演、辩论等活动，从而加深对英文文献的理解和认识。此外，本实训课程还注重培养学生的阅读技巧。

二、实训目标

（一）培养批判性思维

引导学生学会质疑和分析英文文献中的信息，培养其独立思考和判断的能力，使学生能够识别英文文献中的偏见、假设和论证逻辑，从而做出客观的评价。

（二）提升深度阅读能力

训练学生快速且准确地捕捉英文文献中的关键信息和细节，提高阅读效率。培养学生理解英文文献的深层含义、作者的意图以及英文文献之间的关联和差异。

（三）增强英文文献理解能力

提升学生的英语词汇量和语法水平，使其能够流畅地阅读和理解英文文献。帮助学生掌握英文文献的体裁特点和写作风格，提高阅读的专业性和准确性。

（四）提高学术素养和跨文化交流能力

使学生了解学术规范和引用标准，学会正确引用和参考英文文献。培养学生的跨文化交流能力，使其能够更好地理解和欣赏不同文化背景下的学术成果。

（五）提高信息筛选和整合能力

教会学生如何从海量英文文献中筛选出有价值的信息，并进行有效整合和归纳。培养学生的信息处理和表达能力，使其能够将所学知识应用到实际研究和写作中。

三、实训前置知识点

（一）英语基础能力

词汇量：掌握足够的英语词汇，特别是与学科领域相关的专业词汇，这是进行英文文献阅读的基础。

语法知识：了解英语的基本语法规则，包括句子结构、时态、语态等，有助于准确理解英文文献中的句子和段落。

（二）阅读技巧

快速阅读：学会快速浏览英文文献，抓住文章的主旨和大意，提高阅读效率。

精读技巧：对于关键段落和细节，需要仔细阅读并深入理解，确保准确把握作者的观点和论据。

（三）批判性思维

质疑精神：培养对英文文献中的信息和观点持怀疑态度的习惯，不盲目接受，而是要进行深入分析和评估。

逻辑推理：学会运用逻辑推理方法，分析英文文献中的论证逻辑是否合理，是否存在逻辑漏洞或矛盾。

多角度思考：能够从不同角度审视英文文献内容，考虑不同的解释和解读方式，形成自己的见解和判断。

（四）学科背景知识

基础知识：了解所学学科的基本概念和原理，有助于更好地理解英文文献中的专业术语和论点。

前沿动态：关注学科领域的前沿研究和发展趋势，有助于对英文文献中的创新点和文献的贡献进行准确评估。

（五）英文文献检索与筛选

检索技巧：掌握有效的英文文献检索方法，例如使用关键词、布尔逻辑运算符等，提高检索效率和准确性。

筛选标准：了解英文文献筛选的基本原则和标准，例如作者的权威性、期刊的影响力、发表时间等，以便从海量英文文献中筛选出有价值的英文文献进行阅读。

四、实训步骤与内容

（一）实训准备

选择英文文献：教师根据学生的学科背景和课程要求，选择具有代表性的英文文献作为阅读材料。所选英文文献应涵盖不同的主题、观点和研究方法，以便学生能够从多个角度进行批判性阅读。

预习与背景知识：学生在进行实训前，需要对所选英文文献进行预习，了解英文文献的基本内容和背景知识。这有助于学生在阅读过程中更好地理解英文文献的论点、论据和逻辑结构。

准备阶段完成了哪些任务？
在此过程中遇到了哪些困难？
上述困难是如何解决的？

（二）实训实施

（1）初步阅读：学生快速浏览英文文献，抓住英文文献的主旨和大意，了解作者的基本观点和论证思路。

（2）深度阅读与分析：学生仔细阅读文献，对关键段落和细节进行深入分析。使用批判性思维技巧，例如提出问题、审视理解、评估论证等，对英文文献中的信息进行质疑和分析。识别英文文献中的偏见、假设和逻辑漏洞，并对其进行评估。

（3）小组讨论与分享：学生分组进行讨论，分享各自对英文文献的理解和分析结果。在小组内交流观点，提出疑问，并共同解决阅读过程中遇到的问题。通过小组讨论，学生可以拓宽思路，加深对英文文献的理解和批判。

（4）撰写读书笔记或报告：学生根据阅读和分析的结果，撰写读书笔记或报告。在报告中，学生需要总结英文文献的主要观点、论证方法和结论，并提出自己的见解和判断。报告应包括对英文文献的批判性评价，指出其优缺点。

你的批判性阅读是如何进行的？
在此过程中遇到了哪些困难？
上述困难是如何解决的？

（三）实训总结

（1）教师总结：教师对学生在实训过程中的表现进行总结和评价，指出学生在批判性阅读方面的进步和不足。

（2）学生总结：学生总结自己在实训过程中的学习和收获，思考如何将批判性阅读技巧应用于未来的学术研究和工作实践中。

（3）讨论与改进：教师和学生共同讨论实训过程中遇到的问题和改进方法，以便在未来的教学中不断优化和完善批判性阅读实验课的教学内容和方法。

批判性阅读的总结有哪些？
在此过程中遇到了哪些困难？
上述困难是如何解决的？

五、个人总结与思考

完成实训后，请撰写总结报告，总结自己在实训过程中的表现及学到的知识和技能，并提出改进意见。（实训总结报告可单独打印）

六、指导教师评价

<table>
<tr><td colspan="3">（一）过程评价（50%，满分 100）</td></tr>
<tr><td>评价指标</td><td>得分</td><td>总分</td></tr>
<tr><td>实训准备和出勤（20 分）：评估学生在实训前的准备工作，包括熟悉实训目的、方法和操作步骤，了解所需的实训设备和材料，具备必要的基础理论知识和操作技能等，按时全程参与实验</td><td></td><td rowspan="4"></td></tr>
<tr><td>实训操作（20 分）：评估学生在实训过程中的操作能力，包括正确设置和调整实训参数，准确、规范地完成操作步骤，灵活应对实训中可能出现的问题和困难等</td><td></td></tr>
<tr><td>实训分析（20 分）：评估学生对实训数据的处理和结果分析的能力，包括正确、完整地记录和整理实训数据，合理进行数据分析，准确、有逻辑地解读实训结果，能够进行总结并给出解决办法</td><td></td></tr>
<tr><td>总结报告的撰写（40 分）：评估学生撰写总结报告的能力，包括格式规范，内容完整，条理清晰，实训数据记录正确、充分、完整，分析详细透彻，心得体会深刻，有创意，论述合理详细，有自己的见解等</td><td></td></tr>
<tr><td colspan="3">（二）结果评价（50%，满分 100）</td></tr>
<tr><td>评价指标</td><td>得分</td><td>总分</td></tr>
<tr><td>文献理解程度（30 分）：评价学生对所选英文文献的理解程度，包括英文文献的主旨、论点、论据和结论等</td><td></td><td rowspan="3"></td></tr>
<tr><td>批判性思维能力（30 分）：评估学生在阅读过程中是否运用了批判性思维，例如提出问题、审视理解、评估论证等</td><td></td></tr>
<tr><td>学术表达能力（40 分）：考查学生是否能够将阅读和分析的结果以清晰、准确的方式表达出来</td><td></td></tr>
<tr><td>最终成绩</td><td colspan="2"></td></tr>
</table>

实训3　英文文章撰写

（建议学时：6）

一、实训概述

本课程通过实训的方式，让学生深入了解英文文章的基本结构和写作技巧，同时培养学生严谨的学术态度和跨文化交流能力。在实训过程中，学生将学习如何选题、收集资料、撰写文章并进行修改和完善。此外，学生还将了解并遵循英文写作的学术规范，例如引用格式、参考文献等，以确保文章的学术性和严谨性。同时，本课程还将帮助学生提升跨文化交流能力，能够更好地适应多元文化环境，用英语进行有效的沟通。英文文章撰写实训课是一门富有挑战性的课程，可为学生英文写作能力的提高和职业发展打下一定的基础。

二、实训目标

（一）提升英文写作能力

熟练运用英语：通过本课程的学习，学生应能够熟练运用英语进行文章的撰写，包括选择合适的词语、运用正确的语法结构和句型等。

准确表达思想：在英文文章写作时，学生应能够清晰地表达自己的思想和观点，具有逻辑性和条理性。

（二）掌握英文文章结构

了解基本结构：学生应熟悉英文文章的基本结构，包括引言、正文、结论等部分，并了解各部分的功能和写作要点。

灵活运用结构：学生应能够根据不同的写作目的和读者需求，灵活运用文章结构，使英文文章更具吸引力和说服力。

（三）培养学术素养和规范

遵循学术规范：学生应了解并掌握英文写作的学术规范，例如引用格式、参考文献等，以确保英文写作的学术性和严谨性。

培养批判性思维：在写作过程中，学生应培养批判性思维，学会分析、评价和创造性地思考，以提高英文写作的深度和广度。

（四）提高跨文化交流能力

了解文化差异：学生应了解不同文化背景下的英文写作规范和习惯，以避免因文化差异造成的误解和冲突。

适应多元文化：学生应能够适应多元文化环境，学会用英语进行跨文化交流，使自己的写作更具包容性和开放性。

（五）促进职业发展

提升竞争力：通过本课程的学习，学生将掌握英文文章撰写的基本技能和规范，这将有助于提升以后在职场中的竞争力。

拓展职业领域：学生将能够更自信地应对需要英文写作能力的职业领域，例如学术研究、跨文化交流等。

三、实训前置知识点

（一）英语基础语法与词汇

语法：学生需要掌握英语的基本语法规则，包括时态、语态、主谓一致、从句等，以确保英文文章在语法上正确无误。

词汇：学生应储备大量的英语词汇，并能够准确运用词汇来表达自己的思想和观点。这包括了解常见词汇的多种含义、用法以及搭配。

（二）英文写作基础

文章结构：学生需要了解英文文章的基本结构，例如引言、正文、结论等部分，并了解各部分的功能和写作要点。

段落构建：学生应学会如何构建段落，包括确定段落主题句、展开论述、提供例证等，使英文文章条理清晰、逻辑严密。

（三）学术规范与引用格式

学术规范：学生需要了解英文写作的学术规范，例如避免抄袭、引用他人观点时需注明出处等，以确保英文写作的学术性和严谨性。

引用格式：学生应掌握常见的英文引用格式，如 APA、MLA 等，以便在英文写作中正确引用他人的研究成果。

（四）批判性思维与创新能力

批判性思维：学生需要具备批判性思维，学会分析、评价和创造性地思考，以提高英文写作的深度和广度。

创新能力：在英文写作过程中，学生应尝试运用新的观点、方法和论据，使所写文章具有创新性和独特性。

四、实训步骤与内容

（一）选题与资料收集

选题：在教师的指导下，学生选择一个具有研究价值、兴趣相关且适合用英文撰写的题目。选题应明确、具体，并具有一定的学术或实际应用价值。

资料收集：围绕所选题目，学生需广泛地收集资料。这包括查阅相关文献、书籍、期刊文章、网络资源等，以获取足够的信息和论据来支持所写文章的观点。

你是如何进行选题与资料收集的？
在此过程中遇到了哪些困难？
上述困难是如何解决的？

（二）结构规划与撰写

规划文章结构：学生需根据所选主题和收集的资料，规划文章的基本结构，包括确定引言、正文、结论等部分的内容和大纲以及各部分的逻辑关系。

撰写引言：引言部分应简要介绍文章的主题、背景、研究目的和重要性。同时，还需提出主要观点或假设，以吸引读者的兴趣。

撰写正文：正文部分是展示研究成果和论证观点的核心部分。学生需根据文章结构规划，详细阐述自己的研究过程、方法、结果和结论。在撰写过程中，学生需注重逻辑性和条理性，确保文章的内容清晰、准确。

撰写结论：结论部分是对文章主要观点的总结和归纳。学生需简要回顾文章的研究过程、方法和结果，并强调文章的主要贡献和发现。同时，还需提出进一步研究的建议或展望。

你的英文文章的写作框架是什么？
在此过程中遇到了哪些困难？
上述困难是如何解决的？

（三）修改与完善

初步修改：完成初稿后，学生需对所写英文文章进行初步的修改和完善，包括检查语法、拼写、标点等错误以及调整句式和段落结构，使文章更加流畅和易读。

润色与校对：在初步修改后，学生还需对文章进行润色和校对，包括优化用词、句式和段落连接以及确保格式和排版符合学术规范。同时，还需检查文章的引用格式和参考文献是否准确。

你的英文文章是如何修改与完善的？
在此过程中遇到了哪些困难？
上述困难是如何解决的？

（四）提交与反馈

提交：完成所有修改和完善后，学生需将所写英文文章提交给教师进行审阅和评分。在提交前，学生需确保文章的内容完整、格式规范、引用正确。

反馈：在收到教师的审阅反馈后，学生需认真阅读并理解教师的意见和建议。根据反馈内容，学生需对文章进一步修改和完善，以提高文章的质量和水平。

文章后续的反馈与修改如何？
在此过程中遇到了哪些困难？
上述困难是如何解决的？

五、个人总结与思考

完成实训后，请撰写总结报告，总结自己在实训过程中的表现及学到的知识和技能，并提出改进意见。（实训总结报告可单独打印）

六、指导教师评价

评价指标(100%,满分 100)	得分	总分
学习参与度(10 分):评估学生在实训中的参与度,包括在提问、讨论、分享等环节中的表现		
阅读速度与理解力(5 分):评价学生快速阅读并准确理解英文文献的能力		
阅读策略运用(5 分):考查学生是否能够有效运用预览、预测、总结等阅读策略以及这些策略对提升阅读效率和理解力的帮助		
分析与评价能力(10 分):评估学生分析、评价英文文献中的观点、论据和逻辑结构的能力		
推理与判断能力(10 分):考查学生从英文文献中提取关键信息,进行逻辑推理,并得出合理结论的能力		
提出问题的能力(10 分):鼓励学生提出有深度、有广度的问题,评价学生所提问题是否有助于深入理解英文文献内容		
文献内容理解(10 分):评价学生对英文文献内容的理解程度,包括主旨大意、细节信息等		
信息筛选与整理(10 分):考查学生筛选和整理英文文献中关键信息的能力以及能否形成自己的知识框架		
文献运用与创新(10 分):鼓励学生将英文文献中的知识、观点和方法运用到实际学习或研究中,评价学生的创新能力和实践成果		
英文文章的撰写(20 分):评价学生撰写总结报告的能力,包括格式规范,内容完整,条理清晰,实践数据记录正确、充分、完整,分析详细透彻,心得体会深刻,有创意,论述合理详细,有自己的见解等		

2

专业篇

应急管理专业课实践

1　应急管理信息系统基础操作

姓名：____________　学号：____________

专业：____________　班级：____________

组序：____________　学期：____________

实验1　应急管理信息系统概述

（建议学时：4）

一、实验概述

本实验以地理信息系统平台为基础，结合具体的自然灾害情景，引导学生学习运用应急管理信息系统，分析不同地理要素的灾害或突发事件的响应程度，并对其进行空间可视化表达。通过本实验学习，学生不仅能掌握应急管理信息系统的基本操作技能，而且能运用现代技术实现对应急管理工作的精准定位，提高科学应急决策的综合能力。

二、实验目标

(1) 对应急管理信息系统进行简介，包括硬件、软件以及数据组成等。
(2) 对应急管理信息系统的基础功能操作进行演示介绍。

三、实验前置知识点

（一）信息系统

信息系统是指由硬件、软件、数据和用户等四大要素构成的具有数据采集、管理、分析和表达能力的系统。

（二）地理信息系统

地理信息系统是指在计算机硬件和软件系统支持下对空间数据进行采集、操作、存储与管理、分析、输出的技术系统。简而言之，地理信息系统是综合处理和分析空间数据的一种技术系统。

（三）应急管理信息系统

应急管理信息系统是以地理信息系统为底层构架，对地理空间范围内的居住用地、商业用地、工业用地、农业用地等用地类型进行空间可视化表达，并结合多情景的自然灾害、人为事故等进行空间模拟，分析灾害、事故等对不同用地的影响及危害，并针对性地进行决策剖析，进而提高区域应急管理能力。

四、实验步骤与内容

（一）ArcMap 软件界面及主要功能点介绍

（1）添加数据。

（2）菜单条介绍。

（3）工具箱的运用。

（4）主要工具条的运用。

（5）目录。

请介绍 ArcMap 软件界面主要功能点的作用。

（二）要素与地理数据库的创建

（1）要素创建：在目录中建立存储数据的文件夹，确定所需的地理坐标，创建矢量要素。

（2）地理数据库创建：在目录中建立存储数据的文件夹，确定所需的地理坐标，创建地理要素数据库，建立要素数据集，将多个矢量数据导入其中，完成地理数据库的创建。

1. 矢量要素和地理数据库创建流程的异同点是什么？ 2. 将创建好的矢量数据和地理数据库截图并阐述二者的属性结构。

（三）遥感影像的查看

将多波段遥感影像加载至 ArcMap 软件，更改波段值，将红波段、绿波段、蓝波段分别赋予波段 3、2、1，查看真彩色影像。

1. 将多波段遥感数据的 3、2、1 通道依次设置为红波段、绿波段和蓝波段生成真彩色图像的原理依据是什么？

2. 请将生成的真彩色图像截图。

(四) 属性数据处理

查看属性表，按条件进行关键属性特征的选取，连接和关联外部的属性数据，创建新字段，重新进行赋值和运算。

使用 SQL 语言进行属性数据查询和字段运算代码的结构解析是什么?

五、个人总结与思考

完成实验后，请撰写总结报告，总结自己在实验过程中的表现及学到的知识和技能，并提出改进意见。(实验总结报告可单独打印)

六、指导教师评价

(一) 过程评价(50%,满分 100)		
评价指标	得分	总分
实验准备和出勤(20 分):评估学生在实验前的准备工作,包括熟悉实验目的、方法和操作步骤,了解所需的实验设备和材料,具备必要的基础理论知识和操作技能等,按时全程参与实验		
实验操作(20 分):评估学生在实验过程中的操作能力,包括正确设置和调整实验参数,准确、规范地完成操作步骤,灵活应对实验中可能出现的问题和困难等		
实验分析(20 分):评估学生对实验数据的处理和结果分析的能力,包括正确、完整地记录和整理实验数据,合理进行数据分析,准确、有逻辑地解读实验结果,能够进行总结并给出解决办法		
总结报告的撰写(40 分):评估学生撰写总结报告的能力,包括格式规范,内容完整,条理清晰,实验数据记录正确、充分、完整,分析详细透彻,心得体会深刻,有创意,论述合理详细,有自己的见解等		
(二) 结果评价(50%,满分 100)		
评价指标	得分	总分
内容的丰富度(30 分)		
操作的完整率和正确率(30 分)		
实验操作完成的效率和正确率(40 分)		
最终成绩		

实验 2　空间分析方法及应用

（建议学时：4）

一、实验概述

本实验旨在引导学生学会使用地理信息系统软件——ArcGIS。通过学习，学生不仅能掌握该软件多种强大的空间分析方法，还能熟悉这些方法在解决实际应急管理问题中的应用，通过讲授、讨论和案例分析，引导学生理解并解释突发事件管理过程中的各种现象及其相互关系，有效提升学生的空间分析能力和应急管理能力。

二、实验目标

(1) 掌握 ArcGIS 软件的基本操作与空间分析方法。

(2) 通过实验熟悉空间分析在解决实际问题中的应用。

三、实验前置知识点

(一) 空间分析

空间分析是指在地理信息系统(GIS)中实现空间数据分析的过程，即从空间数据中获取有关地理对象的空间位置、分布、形态、形成和演变等信息并进行分析。空间分析是 GIS 的核心功能之一，能够提取和传输地理空间信息，特别是隐含信息，以辅助决策。

(二) 空间数据

空间数据是指以地球表面空间位置为参照的自然、社会和人文经济景观数据，可以是图形、图像、文字、表格和数字等。空间数据是 GIS 所表达的现实世界经过模型抽象后的内容，是空间分析的基础。

(三) 地理坐标系

地理坐标系是用于确定地理空间对象在地球表面位置的坐标系，地理坐标系通常包括经度、纬度和高度等参数。

(四) 投影坐标系

投影坐标系是将地理坐标系中的地理空间对象投影到平面上的坐标系，投影坐标系有助于进行地图制作和空间分析等操作。

四、实验步骤与内容

(一) 实验准备

(1) 软件准备：确保已安装 ArcGIS 软件，并熟悉其界面与基本功能。

(2) 数据准备：根据实验内容准备相应的空间数据，例如矢量数据（点、线、面）、栅格数据等。

打开并调试好 ArcGIS 软件，将相应的矢量数据和栅格数据加载到该软件中并截图。

（二）空间查询

通过定义空间关系，例如邻近、包含、相交等，来检索满足条件的要素。

1. 阐述根据要素间的拓扑关系查询定位地理要素的理论基础。   2. 将不同拓扑关系查询定位要素的操作流程截图展示。

（三）缓冲区分析

创建一定距离范围内的缓冲区，用于分析要素的影响范围、冲突区域等。缓冲区可以根据点、线、面地理实体建立，并用来限定所需处理的专题数据的空间范围。

1．阐述缓冲区分析的理论基础以及空间表达的三种方式。
2．将基于点、线、面矢量要素的缓冲区分析操作流程截图展示。

（四）最近邻分析

计算要素到最近邻要素的距离和方向，帮助确定空间模式和聚集程度。

1．阐述最近邻分析的理论基础以及点、线、面矢量要素三种测算方式。

2．将基于点、线、面矢量要素的最近邻分析及生成最近邻表的操作流程和结果截图展示。

（五）空间插值

由已知的数据点推断未知位置上的值，用于生成连续的表面。常见的插值方法包括克里金插值、反距离加权插值等。

1. 阐述空间插值中的克里金插值、反距离加权插值的理论基础。

2. 将克里金插值、反距离加权插值的操作流程截图展示。

（六）空间统计

用于揭示空间数据的模式和趋势，例如聚类分析、空间自相关等。

1. 阐述空间统计分析中聚类分析、空间自相关的理论基础和应用范围。

2. 将聚类分析、空间自相关的操作流程截图展示。

(七) 空间交互

将两个有关联但不同位置的要素集合合并为一个新的要素集合,通过空间位置关系建立关联。

1. 阐述空间交互(标识工具)的理论基础和应用范围。
2. 将要素空间标识的操作流程截图展示。

（八）空间映射

将地理数据可视化为地图，帮助理解地理空间关系和分布特征。

将地理要素属性值空间可视化表达的流程截图展示。

五、个人总结与思考

完成实验后，请撰写总结报告，总结自己在实验过程中的表现及学到的知识和技能，并提出改进意见。（实验总结报告可单独打印）

六、指导教师评价

(一) 过程评价(50%,满分 100)		
评价指标	得分	总分
实验准备和出勤(20 分):评估学生在实验前的准备工作,包括熟悉实验目的、方法和操作步骤,了解所需的实验设备和材料,具备必要的基础理论知识和操作技能等,按时全程参与实验		
实验操作(20 分):评估学生在实验过程中的操作能力,包括正确设置和调整实验参数,准确、规范地完成操作步骤,灵活应对实验中可能出现的问题和困难等		
实验分析(20 分):评估学生对实验数据的处理和结果分析的能力,包括正确、完整地记录和整理实验数据,合理进行数据分析,准确、有逻辑地解读实验结果,能够进行总结并给出解决办法		
总结报告的撰写(40 分):评估学生撰写总结报告的能力,包括格式规范,内容完整,条理清晰,实验数据记录正确、充分、完整,分析详细透彻,心得体会深刻,有创意,论述合理详细,有自己的见解等		
(二) 结果评价(50%,满分 100)		
评价指标	得分	总分
内容的丰富度(30 分)		
操作的完整率和正确率(30 分)		
实验操作完成的效率和正确率(40 分)		
最终成绩		

实验3 区域生态安全格局构建

（建议学时：4）

一、实验概述

本实验旨在引导学生通过使用ArcGIS软件和相关数据，构建区域生态安全格局。实验过程中，引导学生学会识别重要的生态源地，分析生态阻力，并提取生态廊道，从而习得区域生态保护所必需的技能；同时，引导学生理解建立生态廊道和生态节点等措施与加强生态系统的稳定性和抵抗力、减少自然灾害的发生频率和危害程度的关系，从而提升学生区域生态安全的意识与能力。

二、实验目标

使用ArcGIS软件和相关数据，构建区域生态安全格局，识别重要的生态源地，分析生态阻力，并提取生态廊道，为区域生态保护提供科学依据。

三、实验前置知识点

（一）生态安全格局

生态安全格局也称为生态安全框架，指景观中存在的某种潜在的生态系统空间格局。生态安全格局由景观中的某些关键的局部、其所处方位和空间联系共同构成。生态安全格局对维护或控制特定地段的某种生态过程有着重要的意义。

（二）生态源地

生态源地产生重要辐射效应，具有高生态价值和相对稳定性的关键斑块空间。生态源地是生态安全格局中的核心组成部分，可为生物提供栖息地、繁殖地和迁徙通道。

（三）生态廊道

生态廊道是连接生态源地的带状区域，对生物和能量流动具有重要通道的作用。生态廊道能够增强生态系统的连通性，促进物种间的基因交流和生态过程的顺利进行。

四、实验步骤与内容

(一) 实验准备

(1) 将土地利用数据、高程数据、植被指数等导入 ArcGIS 软件。

(2) 对土地利用数据进行重新分类,将不同的土地利用类型赋予不同的生态价值或阻力值。

(3) 对高程数据进行坡度分析,生成坡度数据。

(4) 对植被指数数据进行处理,提取植被覆盖度等信息。

打开并调试好 ArcGIS 软件,将相应的矢量数据和栅格数据加载到该软件中,并对原始数据进行二次处理,截屏附图。

(二)生态源地识别

(1)根据土地利用数据的重分类结果,结合植被指数数据,识别重要的生态源地。

(2)利用ArcGIS软件的空间分析功能,对生态源地进行叠加分析和综合评价,确定生态源地的重要性和等级。

1. 阐明生态源地识别的理论依据和技术路线。

2. 将生态源地识别的操作流程截图展示。

（三）生态阻力面构建

（1）选择影响生态阻力的因子，例如土地利用类型、高程、坡度、植被覆盖度等。

（2）利用 ArcGIS 软件的重分类功能，对各个因子进行重分类，并赋予不同的阻力值。

（3）利用 ArcGIS 软件的空间分析模块，将各个因子的阻力值进行叠加分析，生成生态阻力面。

1. 阐明生态阻力面构建的理论依据和技术路线。   2. 将生态阻力面构建的操作流程截图展示。

(四) 生态廊道的提取

(1) 在生态阻力面的基础上,利用 ArcGIS 软件的最小阻力模型,模拟物种在生态源地之间的扩散路径。

(2) 根据模拟结果,提取生态廊道,并确定其位置和宽度。

(3) 对生态廊道进行优化和调整,确保其符合区域生态保护的需求。

1. 阐明生态廊道提取的理论依据和技术路线。

2. 将生态廊道提取的操作流程截图展示。

五、个人总结与思考

完成实验后，请撰写总结报告，总结自己在实验过程中的表现及学到的知识和技能，并提出改进意见。（实验总结报告可单独打印）

六、指导教师评价

(一) 过程评价(50%,满分 100)		
评价指标	得分	总分
实验准备和出勤(20 分):评估学生在实验前的准备工作,包括熟悉实验目的、方法和操作步骤,了解所需的实验设备和材料,具备必要的基础理论知识和操作技能等,按时全程参与实验		
实验操作(20 分):评估学生在实验过程中的操作能力,包括正确设置和调整实验参数,准确、规范地完成操作步骤,灵活应对实验中可能出现的问题和困难等		
实验分析(20 分):评估学生对实验数据的处理和结果分析的能力,包括正确、完整地记录和整理实验数据,合理进行数据分析,准确、有逻辑地解读实验结果,能够进行总结并给出解决办法		
总结报告的撰写(40 分):评估学生撰写总结报告的能力,包括格式规范,内容完整,条理清晰,实验数据记录正确、充分、完整,分析详细透彻,心得体会深刻,有创意,论述合理详细,有自己的见解等		
(二) 结果评价(50%,满分 100)		
评价指标	得分	总分
内容的丰富度(30 分)		
操作的完整率和正确率(30 分)		
实验操作完成的效率和正确率(40 分)		
最终成绩		

2 应急管理信息系统技能训练

姓名：＿＿＿＿＿＿ 学号：＿＿＿＿＿＿

专业：＿＿＿＿＿＿ 班级：＿＿＿＿＿＿

组序：＿＿＿＿＿＿ 学期：＿＿＿＿＿＿

实验1 应急管理信息系统综合实验

（建议学时：4）

一、实验概述

本实验主要让学生熟悉应急管理信息系统的不同用户角色及其对应的权限，学习如何以不同身份登录应急管理信息系统，理解权限设置对信息访问和操作的限制，例如管理员、应急指挥人员、救援队伍成员等各自的操作权限和可访问的功能模块；指导学生进行各类应急信息的录入，包括灾害事件的基本信息、资源信息、人员信息等，并学会对已录入数据的修改、删除和查询等维护操作，了解数据的准确性和完整性对应急管理信息系统运行及应急决策的重要性。

二、实验目标

（1）让学生熟悉应急管理信息系统的登录流程与不同用户权限的设置和应用。

（2）掌握应急管理信息系统中各类信息的录入方法以及数据维护的基本操作，确保数据的准确性、完整性和时效性，为应急管理决策提供可靠的数据支持。

三、实验前置知识点

（一）数据库基本概念

理解数据库是存储和管理信息的工具，应急管理信息系统的数据通常存储在数据库中。学生需要了解数据库的基本结构，包括表（数据库中的基本单位，由行和列组成，每一行为一条记录，每一列为一个字段）、主键（用于唯一标识表中每条记录的字段，确保数据的唯一性）、外键（用于建立表与表之间的关联关系，确保数据的引用完整性）、索引（用于加速数据检索的数据结构）。上述组件共同构成了数据库的基本结构，支持数据的存储、检索和管理。

掌握简单的数据库查询语言(如 SQL 的基本语法)的基础知识,有助于理解系统如何从数据库中检索信息进行显示和处理。例如,知道如何通过条件查询来获取特定的数据记录。

(二) 应急管理概念与流程

熟悉应急管理的基本概念与流程。应急管理流程包括预防、准备、响应和恢复等四个阶段。理解在这些阶段中,信息系统所发挥的不同作用,例如在预防阶段进行风险评估和监测数据收集,在响应阶段进行资源调度和指挥调度等。

了解应急管理中的主要参与角色(例如应急指挥中心、救援队伍、医疗机构等)及其在应急过程中的职责和协作方式。这将有助于理解系统如何为不同角色提供相应的功能权限和信息支持。

(三) 突发事件分类与特点

掌握常见突发事件的分类,例如自然灾害(地震、洪水、台风等)、事故灾难(火灾、交通事故、化工事故等)、公共卫生事件(传染病疫情、食品安全事故等)和社会安全事件(恐怖袭击、群体性事件等)。

理解不同类型应急事件的特点,包括事件的发生机制、影响范围、危害程度、持续时间等。这些知识对于在信息系统中准确录入和分析突发事件信息至关重要。

(四) 信息安全意识

树立信息安全意识,了解在应急管理信息系统操作过程中可能面临的安全威胁,例如网络攻击、数据泄露、恶意篡改等。知道如何保护系统账号(例如设置强密码、定期更换密码),避免因安全漏洞导致系统被非法入侵。

四、实验步骤与内容

(一) 系统登录与用户权限管理

1. 登录应急管理信息系统

在计算机桌面上找到应急管理信息系统的快捷图标,双击打开系统登录界面。学生使用教师提供的账号信息进行登录。输入用户名和密码时,需注意区分大小写,确保输入准确无误。观察登录界面的提示信息,例如账号或密码错误时系统的反馈以及是否有验证码等安全验证机制。成功登录系统后，学生查看系统界面的菜单和功能选项，了解不同权限用户所能操作的功能范围。

请记录登录应急管理信息系统的过程。

2. 用户权限切换

尝试进行用户权限切换操作。例如，管理员用户切换到普通操作员用户，查看权限限制后的系统界面变化；或者普通操作员尝试在未授权的情况下访问管理员用户界面，深入理解不同用户权限的边界和安全性控制机制。

请观察并记录系统权限切换后的界面变化。

（二）信息录入与数据维护

1. 信息录入

选择信息录入功能菜单，进入相应的信息录入界面。例如，选择“突发事件信息录入”。

根据示例数据或自行设定的突发事件场景，依次填写各项信息。例如，事件名称、事件类型（火灾、地震、洪水等）、发生地点（可通过系统提供的地图定位功能精确选择或手动输入详细地址）、发生时间（精确到年、月、日、时、分）、事件描述（简要说明事件的起因、发展情况等）、影响范围（以面积或涉及的区域范围描述）、受灾人数预估等。录入应急资源信息，包括资源名称（例如帐篷、食品、饮用水、医疗设备等）、资源数量、资源所属单位或存放地点、联系人及联系方式等。在录入过程中，注意观察系统对数据格式的要求，例如日期格式、数字格式等。若录入的数据不符合要求，系统应给出相应的错误提示信息，学生需根据提示修改数据，直至录入成功。

请展示在应急管理信息系统中所录入的突发事件信息。

2. 数据基本操作

完成部分信息录入后，使用系统的数据查询功能对已录入信息进行查询操作。例如，查询特定类型的突发事件（例如近一个月内的地震事件）或特定地点的应急资源信息。设置查询条件，例如按事件名称、时间范围、地点等进行查询，并点击查询按钮。从查询结果中选择一条需要修改的信息记录，点击进入信息修改界面。对选定信息的相关字段进行修改，例如修改突发事件的影响范围预估数据或应急资源的相关数据等。修改完成后，点击保存按钮。找到系统的数据备份功能菜单，点击进入备份设置界面；设置备份路径，选择将数据备份到本地硬盘的指定文件夹；选择备份的范围，可以是全部数据或部分特定类型的数据（例如仅备份突发事件信息或应急资源信息）；点击开始备份按钮，系统开始进行数据备份操作，并显示备份进度条；备份完成后，系统应提示备份成功信息，学生可查看备份文件的存储位置和文件大小，确认备份文件是否完整。

请展示数据查询、修改及备份操作成功的系统截图。

五、个人总结与思考

完成实验后，请撰写总结报告，总结自己在实验过程中的表现及学到的知识和技能，并提出改进意见。（实验总结报告可单独打印）

六、指导教师评价

(一) 过程评价(50%,满分 100)		
评价指标	得分	总分
实验准备和出勤(20 分):评估学生在实验前的准备工作,包括熟悉实验目的、方法和操作步骤,了解所需的实验设备和材料,具备必要的基础理论知识和操作技能等,按时全程参与实验		
实验操作(20 分):评估学生在实验过程中的操作能力,包括正确设置和调整实验参数,准确、规范地完成操作步骤,灵活应对实验中可能出现的问题和困难等		
实验分析(20 分):评估学生对实验数据的处理和结果分析的能力,包括正确、完整地记录和整理实验数据,合理进行数据分析,准确、有逻辑地解读实验结果,能够进行总结并给出解决办法		
总结报告的撰写(40 分):评估学生撰写总结报告的能力,包括格式规范,内容完整,条理清晰,实验数据记录正确、充分、完整,分析详细透彻,心得体会深刻,有创意,论述合理详细,有自己的见解等		
(二) 结果评价(50%,满分 100)		
评价指标	得分	总分
数据录入的正确率(30 分)		
数据修改的正确率(30 分)		
数据备份的正确率(40 分)		
最终成绩		

实验2　应急资源调度实验

（建议学时：4）

一、实验概述

本实验设定一个特定区域或场景，要求学生利用系统对应急资源进行普查，包括物资储备、救援设备、人力资源等，并按照一定的标准进行分类和编码，建立应急资源数据库，以便在应急处置时能够快速准确地查询和调度资源；构建多种应急场景，例如地震、火灾等，让学生根据事件的严重程度、影响范围、资源需求等因素，运用系统的调度功能，制定合理的资源调度方案，实现资源的优化配置，并通过模拟调度过程，观察资源的动态调度情况，分析不同方案的优缺点。

二、实验目标

（1）使学生深入理解应急资源的构成、分布特点以及在应急管理中的关键作用。

（2）掌握应急资源普查与分类的方法和流程，能够准确识别和整理各类应急资源信息。

（3）学会运用应急管理信息系统进行资源调度与优化，提高在复杂应急场景下合理调度资源的能力，以实现应急救援效益最大化。

三、实验前置知识点

（一）应急管理基础

1. 应急管理阶段与流程

了解应急管理的流程，包括预防、准备、响应和恢复等四个阶段。资源调度主要在响应阶段发挥关键作用，但也与准备阶段的资源储备布局等密切相关。

熟悉应急响应流程，例如事件监测与预警、应急指挥与协调、现场救援行动、医疗救护等环节，明确应急资源调度在各环节中的位置和作用。

2. 突发事件类型与特点

掌握常见突发事件的分类，例如自然灾害（地震、洪水、台风等）、事故灾难（火灾、交通事故、矿难等）、公共卫生事件（传染病疫情、食品安全事故等）和社会安全事件（恐怖袭击、群体性事件等）。

理解不同类型突发事件对资源需求的差异。例如，自然灾害需要大量的生活物资和救援设备，公共卫生事件则侧重于对医疗资源和防护物资的调配。

（二）应急资源管理知识

1. 应急资源分类与属性

清楚应急资源的基本分类，包括物资资源（例如生活物资、救援设备等）、人力资源（例如救援队伍、医疗人员、志愿者等）和信息资源（例如灾害监测数据、应急指挥通信资源等）。

了解各类资源的关键属性。例如，物资资源的种类、数量、保质期、存放地点；人力资源的专业技能、响应时间、工作强度等。

2. 应急资源储备原则与策略

理解应急资源储备的重要性，知道应急资源储备应遵循适量、合理布局、动态更新等原则。

熟悉应急资源储备规划的基本策略，例如根据地区风险评估结果确定应急资源储备的种类和数量，根据交通便利性等因素进行储备地点的选择。

（三）地理信息系统（GIS）基础

1. GIS 基本概念与功能

了解 GIS 是用于采集、存储、分析和显示地理空间数据的系统。知道其基本功能包括地图浏览、地理数据查询、空间分析（例如距离测量、路径分析等）。

理解地理坐标系统和投影的基本概念，能够识别地图上的地理位置信息，例如经纬度表示的地点、不同地图比例尺的含义等。

2. GIS 在应急资源调度中的应用

明白 GIS 在应急资源调度中可用于展示资源的分布位置和受灾区域的地理环境。

掌握如何利用 GIS 进行资源调度路径规划，考虑地理障碍（例如山脉、河流)、交通线路(公路、铁路、水路)等因素选择最优运输路线。

(四) 数学与优化知识

1. 数学模型基础

熟悉基本的数学模型概念。例如线性规划模型可以用于在一定约束条件下(资源总量限制、运输能力限制等)求资源调度的最优解(成本最低、时间最短等)。

了解目标函数和约束条件的设置。例如,以资源调度总时间最短为目标函数,以资源储备量、运输工具容量等为约束条件。

2. 优化算法与策略

熟悉一些简单的优化算法思路。例如,贪心算法(在对问题求解时,总是作出在当前看来是最好的选择)在资源调度路径选择等简单场景中的应用。

理解优化策略的基本原则,例如权衡资源调度的速度和成本,综合考虑资源的时效性和经济性。

四、实验步骤与内容

(一) 应急资源普查与分类实验

1. 应急资源普查

学生登录应急管理信息系统,进入应急资源管理模块。浏览系统中已有的应急资源数据,初步了解应急资源的大致分类和主要信息字段,例如应急资源名称、类型、数量、存放地点、所属单位等。

根据系统提供的功能或教师指定的范围,对特定区域(例如一个城市或一个省份)的应急资源进行全面普查。详细记录各类应急资源的信息,包括但不限于应急资源的具体种类(食品中的饮用水、方便食品的品牌和数量,帐篷的规格和数量等)、救援队伍的人员构成和装备配备情况(消防队伍的消防车数量和型号、消防员人数及专业技能分布,医疗队伍的医生、护士数量和专业领域等)、医疗资源的详细信息(例如医院的床位数量、科室设置、医疗设备清单等)。

对于一些特殊应急资源或有备注信息的资源,要特别留意并准确记录,例如某些物资的保质期、救援队伍的响应时间标准等。

请展示所选择区域的应急资源普查结果，并进行简要描述。

2. 应急资源分类整理

依据应急资源的性质、用途和功能等，对普查到的应急资源进行分类。常见的分类方式有：按应急资源类型分为物资资源（生活物资、救援设备等）、人力资源（各类救援队伍、志愿者等）和信息资源（灾害监测数据、应急指挥通信资源等）。物资资源进一步细分为生活保障物资（食品、饮用水、帐篷等）、救援专用物资（消防器材、急救药品、工程抢险工具等）。人力资源可按照专业技能分为消防救援人员、医疗救护人员、工程技术人员等。

在系统中创建或选择相应的分类目录，将普查到的资源信息逐一归入对应的类别中，确保分类准确且无遗漏。检查分类结果，验证资源信息在各个类别中的完整性和准确性，如有错误或遗漏及时进行修正和补充。

请说明应急资源分类方式并展示分类结果。

（二）应急资源调度与优化实验

1．应急场景设定

教师在系统中发布一个或多个应急场景任务，例如某地区发生里氏 6.5 级地震，震中位于[具体地点]，周边有多个城镇受影响，预计受灾人口[X]人，房屋倒塌数量[X]间，道路受损情况[具体描述]等。学生读取应急场景信息，分析灾害的类型、规模和影响范围，确定所需的应急资源种类和大致数量范围。

请记录你所读取到的应急信息及分析结果。

2．应急资源调度方案设计

根据应急场景信息，在系统中利用资源需求评估工具或自行计算，精确确定各类应急资源的需求量。将评估出的资源需求信息录入系统，形成应急资源需求清单。应急资源需求清单应包括应急资源名称、需求量、需求时间节点等详细信息。利用系统的应急资源调度功能，查询可调配的应急资源信息，包括应急资源的分布地点、数量、所属单位等。根据应急资源需求清单和应急资源分布情况，制定初步的应急资源调度方案。应急资源调度方案应考虑以下因素：资源调度的优先级，优先满足紧急且关键的应急资源需求；应急资源调度的路径选择，结合地理信息系统（GIS）分析不同运输路线的交通状况、距离远近等因素，选择最优的运输路径，以确保应急资源能够快速、安全送达目的地；应急资源调度的协同性，对于需要多种应急资源协同救援的情况（例如消防灭火与医疗救援应同时进行），合理安排不同应急资源的调配时间和顺序，提高救援效率。在系统中输入应急资源调度方案的详细信息，包括从哪些地点调配何种资源、调配的数量、运输方式（例如公路运输、铁路运输、航空运输等）、预计到达时间等。

请展示你所设计的应急资源调度方案并说明理由。

3. 应急资源调度方案优化与结果分析

运用系统提供的应急资源调度优化算法或自行分析，对初步制定的应急资源调度方案进行优化。优化的目标是在满足应急资源需求的前提下，实现应急资源调度成本最低（包括运输成本、人力成本等）、时间最短且应急资源利用率最高。调整应急资源调度的数量、路径、运输方式等参数，比较不同方案的优缺点，记录优化过程中的关键数据和决策依据，以便后续分析和总结。在系统中模拟实施应急资源调度方案，观察应急资源的调配过程和动态变化情况，例如应急资源从储备地点出发、运输途中的位置更新、到达受灾地区后的分配和使用情况等。系统根据模拟实施结果生成应急资源调度报告，报告包括应急资源实际调配情况、是否满足应急资源需求、调配时间是否符合预期、应急资源浪费情况等信息。学生分析应急资源调度报告，评估应急资源调度方案的有效性和存在的问题。

请展示并分析你的应急资源调度优化方案及资源调度报告结果。

五、个人总结与思考

完成实验后，请撰写总结报告，总结自己在实验过程中的表现及学到的知识和技能，并提出改进意见。（实验总结报告可单独打印）

六、指导教师评价

(一) 过程评价(50%,满分 100)		
评价指标	得分	总分
实验准备和出勤(20 分):评估学生在实验前的准备工作,包括熟悉实验目的、方法和操作步骤,了解所需的实验设备和材料,具备必要的基础理论知识和操作技能等,按时全程参与实验		
实验操作(20 分):评估学生在实验过程中的操作能力,包括正确设置和调整实验参数,准确、规范地完成操作步骤,灵活应对实验中可能出现的问题和困难等		
实验分析(20 分):评估学生对实验数据的处理和结果分析的能力,包括正确、完整地记录和整理实验数据,合理进行数据分析,准确、有逻辑地解读实验结果,能够进行总结并给出解决办法		
总结报告的撰写(40 分):评估学生撰写总结报告的能力,包括格式规范,内容完整,条理清晰,实验数据记录正确、充分、完整,分析详细透彻,心得体会深刻,有创意,论述合理详细,有自己的见解等		
(二) 结果评价(50%,满分 100)		
评价指标	得分	总分
事件链内容的正确率(30 分)		
应急资源配置的完整率和正确率(30 分)		
演练任务完成的效率和正确率(40 分)		
最终成绩		

实验3　突发事件监测与预警实验

（建议学时：4）

一、实验概述

本实验通过让学生使用模拟的监测设备或连接真实的监测数据接口，例如气象监测站、地震监测仪等，学习如何通过应急管理信息系统收集和整合各类监测数据，了解数据的传输、存储和处理流程，掌握监测数据的实时性和准确性对应急预警的关键作用；介绍常见的预警模型和方法，例如基于阈值的预警、趋势分析预警等，让学生根据不同的灾害类型和监测数据特点，设定合理的预警阈值和规则。当监测数据超过阈值时，系统能够自动发出预警信息，学生可观察和分析预警的准确性和及时性，并对预警模型进行调整和优化。

二、实验目标

（1）熟悉突发事件监测的基本流程和数据采集方法，了解各类监测设备的工作原理与应用场景。

（2）掌握预警模型的构建与阈值设定的方法，能够根据不同的突发事件类型和数据特点，合理确定预警指标与阈值，实现有效的预警。

（3）通过实验操作，培养学生在应急管理信息系统中进行监测与预警的实际应用能力，提高学生应对突发事件的分析能力和决策水平。

三、实验前置知识点

（一）应急管理基础

1. 突发事件的分类与特点

熟悉常见突发事件的分类，例如自然灾害（地震、洪水、台风等）、事故灾难（火灾、交通事故、化工事故等）、公共卫生事件（传染病疫情、食品安全事故等）和社会安全事件（恐怖袭击、群体性事件等）。

理解各类突发事件的发生机制、发展过程、影响因素和危害后果，以便确定监测重点和预警指标。

2. 应急管理流程中的监测与预警环节

应急管理包括预防、准备、响应和恢复等四个阶段，监测与预警主要处于预防和准备阶段，是提前发现潜在危机、采取措施降低损失的关键环节。

明确监测是收集有关潜在突发事件的数据信息，预警是根据监测数据判断事件发生的可能性和危险程度，并及时发出警报的过程。

（二）统计学基础

1. 数据分布与特征描述

掌握数据的集中趋势描述方法。例如，均值、中位数和众数等指标在描述监测数据一般水平时的用途。

熟悉数据离散程度的衡量指标。例如，方差和标准差能够用于理解数据的波动情况对设定预警阈值的影响。

2. 概率与统计推断

了解概率的基本概念。例如，事件发生的可能性大小，有助于理解预警中风险评估的概念。

理解统计推断的基本思想。例如，根据样本数据可推断总体特征，这在预警模型验证中可以用于评估模型在未测试数据上的性能。

（三）预警模型相关知识

1. 常见预警模型类型

了解基于阈值的预警模型，即当监测数据超过或低于某个设定的阈值时触发预警，这是最基本也是应用广泛的一种模型。

熟悉时间序列分析预警模型的基本概念，例如通过分析数据在时间上的变化规律来预测事件的发展趋势，用于具有明显时间序列特征的监测数据（例如传染病的发病趋势）。

2. 预警指标选择原则

知道预警指标应具有代表性、敏感性和可操作性。代表性是指，指标能够反映突发事件的关键特征；敏感性是指，指标能及时对事件的变化做出反应；可操作性是指，指标的数据易于获取和处理。

四、实验步骤与内容

(一) 监测设备与数据采集

1. 监测数据采集与处理

学生登录应急管理信息系统,进入监测数据采集模块。将模拟监测设备(如气象传感器模拟器)通过数据线或无线网络连接到计算机,并在应急管理信息系统中进行设备识别与连接设置。根据实验要求,设置模拟监测设备的相关参数,如气象传感器的监测频率(每隔多长时间采集一次数据)、监测数据的类型(温度、湿度、气压等)等参数。启动模拟监测设备,开始采集监测数据。观察监测设备的数据指示灯或系统中的数据采集状态显示区域,确认数据是否正常采集并传输到应急管理信息系统中。在系统中查看采集到的原始监测数据,记录部分数据样本,包括数据采集时间、数据值等信息,以便后续分析与处理数据。

请展示数据采集结果,并对采集到的数据进行简要介绍。

2. 监测数据质量检查与预处理

对采集到的监测数据进行质量检查,查看是否存在数据缺失、异常值(如明显偏离正常范围的数据点)等问题。对于数据缺失的情况,根据数据的时间序列特征或其他相关数据信息,采用合适的方法进行数据填充,如均值填充、线性插值法等。对于异常值,通过数据审核与分析,判断是由于设备故障所致还是真实异常情况所致。如果是设备故障则需要标记并排除该数据点,如果是真实异常情况则需要进一步分析其可能的原因与影响。

请说明监测数据的质量情况，如有数据缺失，请说明处理方法。

（二）预警模型构建与阈值设定

1. 预警模型构建

根据提供的突发事件案例或自行选择一种突发事件类型，在应急管理信息系统中查询并提取该类型突发事件的相关历史监测数据。对提取的历史监测数据进行整理与分析，了解数据的分布特征、变化趋势等信息，为预警模型构建与阈值设定提供依据。

选择一种合适的预警模型方法，如基于阈值的预警模型。根据突发事件的特点与监测数据的分析结果，确定预警指标（火灾中的烟雾浓度、温度上升速率等）。在应急管理信息系统的预警模型构建模块中，设置预警指标的计算公式或数据处理逻辑，构建预警模型框架。例如，对于烟雾浓度预警指标，可以设定当烟雾浓度超过某一设定值时触发预警。

请展示构建的预警模型，并附上必要的说明。

2. 阈值设定

基于历史监测数据的统计分析结果，初步设定预警阈值。利用系统提供的阈值模拟测试功能，将设定的阈值应用到历史监测数据中，观察预警效果。如果出现预警过于频繁（误报率高）或预警滞后（漏报率高）等情况，则需要对阈值进行调整。调整阈值时，可以采用逐步逼近的方法，根据预警效果的反馈信息，适当增大或减小阈值，直到达到较为理想的预警效果为止。将调整后的预警阈值应用到新的监测数据样本（可以是预留的一部分历史数据或模拟生成的数据）中，对预警模型进行验证。计算预警模型的准确率、误报率、漏报率等评价指标，评估预警模型的性能。根据预警模型验证结果，如果发现预警模型存在不足之处，则需要对预警模型进行优化。

请展示预警模型预警效果，说明阈值设定情况，并进一步说明预警模型的优化过程。

五、个人总结与思考

完成实验后，请撰写总结报告，总结自己在实验过程中的表现及学到的知识和技能，并提出改进意见。（实验总结报告可单独打印）

六、指导教师评价

（一）过程评价（50%，满分 100）		
评价指标	得分	总分
实验准备和出勤（20 分）：评估学生在实验前的准备工作，包括熟悉实验目的、方法和操作步骤，了解所需的实验设备和材料，具备必要的基础理论知识和操作技能等，按时全程参与实验		
实验操作（20 分）：评估学生在实验过程中的操作能力，包括正确设置和调整实验参数，准确、规范地完成操作步骤，灵活应对实验中可能出现的问题和困难等		
实验分析（20 分）：评估学生对实验数据的处理和结果分析的能力，包括正确、完整地记录和整理实验数据，合理进行数据分析，准确、有逻辑地解读实验结果能够进行总结并给出解决办法		
总结报告的撰写 40：评估学生撰写总结报告的能力，包括格式规范，内容完整，条理清晰，实验数据记录正确、充分、完整，分析详细透彻，心得体会深刻，有创意，论述合理详细，有自己的见解等		
（二）结果评价（50%，满分 100）		
评价指标	得分	总分
数据采集的质量（30 分）		
预警模型的合理性（30 分）		
预警模型阈值设定的合理性（30 分）		
最终成绩		

实验4 应急指挥与协同实验

（建议学时：4）

一、实验概述

本实验通过设计复杂的突发事件场景，如危化品泄漏等，让学生按照应急指挥的一般流程，利用系统的指挥调度功能，如任务分配、指令下达、信息反馈等，模拟应急指挥过程，熟悉应急指挥的各个环节和操作要点，提高应急指挥的效率和准确性。让学生分组扮演不同的应急部门或救援队伍，如消防、医疗、交通等，通过系统进行信息共享、沟通协作和任务协同，共同应对突发事件。在实验过程中，学生需要学会如何在跨部门的情况下，有效地利用系统进行协调和配合，解决部门间的信息壁垒和协同困难等问题。

二、实验目标

（1）深入理解应急指挥的基本流程和关键环节，掌握应急指挥在应对突发事件中的决策方法与信息传递机制。

（2）培养多部门协同作战情境下的沟通协作能力、资源调度能力和问题解决能力，熟悉不同部门在应急管理中的职责与分工以及相互之间的协调配合关系。

（3）通过实验操作，学会运用应急管理信息系统进行应急指挥与协同作业，提高在复杂应急环境下的综合应对能力和应急管理实践水平。

三、实验前置知识点

（一）应急管理基础

1. 应急管理体系架构

了解应急管理的组织架构，如应急指挥部、各专业救援部门（消防、医疗、交通、公安等）以及其他辅助机构的职责和相互关系。

熟悉应急管理的层次结构，如国家级、省级、市级等不同级别应急指挥机构的职能范围和协作方式。

2. 突发事件分级分类

掌握常见突发事件的分类，例如自然灾害、事故灾难、公共卫生事件和社会安全事件，并且清楚每种类型事件的特点和应对重点。

理解突发事件的分级标准，例如按照事件的严重程度、影响范围、人员伤亡和财产损失等因素将突发事件分为不同级别，以便采取相应级别的应急响应措施。

（二）应急指挥知识

1. 应急指挥流程与原则

熟悉应急指挥的基本流程，包括事件监测与预警、信息收集与评估、指挥决策、任务分配、资源调度、行动实施和效果评估等环节。

理解应急指挥的基本原则，如快速反应、科学决策、统一指挥、分级负责、协同应对等。理解应急指挥的基本原则贯穿于整个应急指挥过程。

2. 应急决策方法

了解应急决策的基本方法，例如基于经验的决策、风险评估决策、情景分析决策等。

掌握简单的决策工具，如决策树、矩阵分析等，以便在有限的时间和信息条件下权衡不同应对方案的利弊。

（三）部门职责与资源

1. 各应急部门职责

清楚各应急部门职责。消防部门负责火灾扑救、抢险救援、火灾事故调查等；医疗部门负责医疗救援、伤员救治和疾病防控；交通运输部门承担交通管制、运输保障和道路抢修；公安部门维护社会治安、现场秩序和安全保卫等。

理解各应急部门在应急管理中的工作重点和协作需求。例如，消防部门在救援时需要交通运输部门保障道路畅通，医疗部门需要公安部门维护医疗救治点的秩序。

2. 应急资源类型与分布

掌握应急资源包括人力资源（专业救援队伍、志愿者等）、物力资源（救援设备、医疗物资、交通工具等）和信息资源（事件监测数据、地理信息等）等基本知识。

了解应急资源的分布情况，如不同地区的救援队伍驻扎地点、物资储备仓库位置等，这对于资源调度至关重要。

（四）地理信息系统（GIS）与信息技术

1. GIS 基本概念与应用

掌握 GIS 的基本功能，如地图浏览、地理数据查询、空间分析（距离测量、路径规划等）。

理解 GIS 在应急指挥中的应用，如利用 GIS 展示事件发生地点、周边环境、资源分布以及规划救援路线等。

2. 应急管理信息系统操作基础

熟悉应急管理信息系统的登录方式、主界面布局和基本功能模块，如事件管理、资源管理、指挥调度等模块的操作。

能够在系统中进行简单的数据查询、录入和修改操作，为应急指挥与协同实验中的信息处理和指令下达奠定基础。

四、实验步骤与内容

（一）应急指挥流程模拟实验

1. 应急指挥决策启动

学生以模拟的应急管理部门角色登录应急管理信息系统，进入应急指挥中心界面。接收系统自动推送或人工录入的突发事件信息，仔细阅读事件详情，包括事件类型、发生时间、地点、初步影响评估等内容，了解事件的基本情况和紧急程度。根据事件信息，迅速判断事件的性质和可能的发展趋势，启动相应的应急指挥决策流程。在系统中建立应急指挥任务，明确任务目标、优先级和时间要求。利用系统的资源查询功能，了解事件发生地周边的应急资源分布情况，包括救援队伍、物资储备、医疗设施等信息，为后续的资源调度和指挥调度提供依据。

请依据设定的应急管理部门角色，说明事件的性质、发展趋势与决策。

2. 应急处置过程监控与评估

通过系统的指挥调度界面，向相关应急部门（如消防、医疗、交通等）下达初步的行动指令，包括部门的任务分工、行动路线、集结地点等信息。指令应清晰明确，确保各部门能够准确理解并迅速执行。利用系统的信息共享平台和通信工具，与各部门保持密切的信息沟通，及时了解各部门的行动进展情况，接收各部门反馈的现场信息和问题，并根据实际情况对指挥调度方案进行调整和优化。运用系统的监控功能，对各部门的应急处置过程进行实时监控，包括救援队伍的行进路线、物资调配情况、医疗救援进展等。通过监控数据和现场视频画面，及时发现处置过程中的异常情况和不足之处并进行协调和指导。

根据预先设定的应急处置评估指标体系，利用系统的评估功能对整个应急指挥过程和各部门的处置效果进行阶段性评估。评估指标可以包括响应时间、资源调度效率、救援效果、人员伤亡和财产损失控制情况等。根据评估结果，总结经验教训，发现存在的问题和薄弱环节，为后续的应急指挥改进提供依据。

请对处置过程进行评估与总结，指出不足之处。

（二）多部门协同作战实验

1. 部门内部沟通与准备

学生分组后，分别扮演不同的应急管理部门的角色。各部门登录应急管理信息系统，查看自己部门的任务分配和相关信息，了解本部门在此次应急事件中的职责、目标和行动要求。同时，熟悉系统中与其他部门进行信息共享和协同工作的功能模块和操作方法。各部门在系统内进行内部沟通与讨论,根据部门任务和资源情况,制订详细的部门行动计划。各部门在系统中查询和调配本部门所需的应急资源,将应急资源调度情况及时反馈给相关应急管理部门,以便进行整体协调和统筹安排。

请说明所在部门角色,并展示所制订的部门行动计划。

2. 多部门协同与效果评估

在应急管理部门的统一指挥下,各部门按照各自的行动计划和任务分工,开始协同作业。在协同作业过程中,各部门通过应急管理信息系统的信息共享平台和通信工具,实时共享信息、协调行动、解决问题。突发事件处置结束后,各部门在系统中提交本部门的工作情况报告,包括任务完成情况、资源使用情况、存在的问题和建议等内容。应急管理部门利用系统的评估功能,对多部门协同作战的效果进行全面评估。评估指标包括各部门之间的信息沟通效率、协同行动的及时性和准确性、任务完成的质量和效果、资源调度的合理性和利用率等。

请根据评估结果进行总结,分析协同过程中存在的问题和不足之处,提出改进措施和建议。

五、个人总结与思考

完成实验后，请撰写总结报告，总结自己在实验过程中的表现及学到的知识和技能，并提出改进意见。（实验总结报告可单独打印）

六、指导教师评价

(一)过程评价(50%,满分100)		
评价指标	得分	总分
实验准备和出勤(20分):评估学生在实验前的准备工作,包括熟悉实验目的、方法和操作步骤,了解所需的实验设备和材料,具备必要的基础理论知识和操作技能等,按时全程参与实验		
实验操作(20分):评估学生在实验过程中的操作能力,包括正确设置和调整实验参数,准确、规范地完成操作步骤,灵活应对实验中可能出现的问题和困难等		
实验分析(20分):评估学生对实验数据的处理和结果分析的能力,包括正确、完整地记录和整理实验数据,合理进行数据分析,准确、有逻辑地解读实验结果,能够进行总结并给出解决办法		
总结报告的撰写(40分):评估学生撰写总结报告的能力,包括格式规范,内容完整,条理清晰,实验数据记录正确、充分、完整,分析详细透彻,心得体会深刻,有创意,论述合理详细,有自己的见解等		
(二)结果评价(50%,满分100)		
评价指标	得分	总分
应急处置评估的准确性(30分)		
部门行动计划的合理性(30分)		
多部门协同评估的准确性(40分)		
最终成绩		

3 公共安全管理

姓名：＿＿＿＿＿＿ 学号：＿＿＿＿＿＿

专业：＿＿＿＿＿＿ 班级：＿＿＿＿＿＿

组序：＿＿＿＿＿＿ 学期：＿＿＿＿＿＿

实践 1　公共安全现场体验

（建议学时：4）

一、实践概述

本实践通过安排学生参观公共安全体验馆或进行公共安全 3D 虚拟体验，让学生直观感知各类公共安全风险隐患并掌握应急处置知识，通过在实践过程中边看边学边思考，提高学生对公共安全管理的系统认知和感悟。

二、实践目标

(1) 让学生直观感知各类公共安全风险隐患并掌握应急处置知识。

(2) 让学生加深对公共安全管理的系统理解。

三、实践前置知识点

（一）公共安全

公共安全是指一个国家或地区不特定或者多数人的生存和发展没有遭到不可接受风险的一种状态。① 公共安全的保护对象是公众。② 公共安全，从正面描绘，是指一种人们能维持正常的生活和生产秩序的状态；从负面描绘，是指不受威胁或免于遭受事故或损失。

（二）国家安全

国家安全是指国家政权、主权、统一和领土完整、人民福祉、经济社会可持续发展和国家其他重大利益相对处于没有危险和不受内外威胁的状态以及保障持续安全状态的能力。

我国的国家安全领域主要包括 16 个方面的基本内容：政治安全、国土安全、军事安全、经济安全、文化安全、社会安全、科技安全、网络安全、生态安全、资源安全、核安全、海外利益安全、生物安全、太空安全、极地安全、深海安全。

公共安全与国家安全的根本宗旨都是从人民安全出发，二者的区分标准为是否危及国家利益。广义的公共安全包含人民安居乐业、社会安定有序、国家长治久安。

(三) 突发公共事件

突发公共事件是指突然发生,造成或者可能造成重大人员伤亡、财产损失、生态环境破坏和严重社会危害,危及公共安全的紧急事件。

根据突发公共事件的发生过程、性质和机理,突发公共事件主要分为以下四类。

(1) 自然灾害,主要包括水旱灾害、气象灾害、地震灾害、地质灾害、海洋灾害,生物灾害和森林草原火灾等。

(2) 事故灾难,主要包括工矿商贸等企业的各类安全事故、交通运输事故、公共设施和设备事故、环境污染和生态破坏事件等。

(3) 公共卫生事件,主要包括传染病疫情、群体性不明原因疾病、食品安全和职业危害、动物疫情以及其他严重影响公众健康和生命安全的事件。

(4) 社会安全事件,主要包括恐怖袭击事件、经济安全事件和涉外突发事件等。

各类突发公共事件按照性质、严重程度、可控性和影响范围等因素,一般分为四级:Ⅰ级(特别重大)、Ⅱ级(重大)、Ⅲ级(较大)和Ⅳ级(一般)。

根据预测分析结果,可对可能发生和可以预警的突发公共事件进行预警。预警级别依据突发公共事件可能造成的危害程度、紧急程度和发展势态,一般划分为四级:Ⅰ级(特别严重)、Ⅱ级(严重)、Ⅲ级(较重)和Ⅳ级(一般),依次用红色、橙色、黄色和蓝色表示。

(四) 风险

风险是指危险发生的概率和可能性,通常也与导致的不利后果密切相关。因此,风险通常被定义为危险状态下,可能损伤或危害健康的概率和程度的组合。

四. 实践内容与步骤

请根据实践学习过程中所获得的知识,填写下列表格。

类别	公共安全问题	存在哪些风险隐患	应急处置知识点
自然灾害			
事故灾难			
公共卫生事件			
社会安全事件			

五、个人总结与思考

实践结束后，请撰写总结报告，总结学到的知识和技能及在实践过程中的表现，并提出改进意见。（实践总结报告可单独打印）

六、指导教师评价

(一)过程评价(100%,满分 70)		
评价指标	得分	总分
实践准备与出勤(20 分):评估学生在实践前的准备工作,包括熟悉实践目的、方法和操作步骤,了解实践所需的前置知识点,具备必要的实践安全知识和操作技能,按时全程参与实验等		
实践操作(20 分):评估学生在实践过程中的参与能力,包括积极参与实践教学的互动环节,规范完成实践步骤,灵活应对实践中可能出现的问题和困难等		
实践表格填写(30 分):评估学生对实践数据收集与总结能力,包括正确、完整地记录和整理实践数据,准确、有逻辑地解读实践结果等		
(二)结果评价(100%,满分 30)		
评价指标	得分	总分
总结报告的撰写(30 分):评估学生撰写总结报告的能力,包括格式规范,内容完整,条理清晰,实践数据记录正确、充分、完整,分析详细透彻,心得体会深刻,有创意,论述合理详细,有自己的见解等		
最终成绩		

实验2　模拟突发事件新闻发布会

（建议学时：4）

一、实验概述

本实验通过组织学生模拟公共安全相关主题的新闻发布会，让学生获得相关的知识和技能。在前期准备阶段，围绕安全事故、公共卫生事件等公共安全主题，学生组建团队并分工，分别担任新闻发言人、主持人、记者等角色，广泛收集资料，撰写新闻通稿和问答素材，同时布置好模拟现场并调试模拟所需的设备。在正式模拟阶段，主持人开场引入主题，新闻发言人发布新闻，记者围绕事件原因、后续措施、公众影响等方面交流互动，合作完成发布会模拟。通过此次实验学生还可以提升语言表达和应急应变能力，强化团队协作精神。

二、实验目标

（1）让学生熟练掌握公共安全事件新闻发布会的基本流程和技巧。

（2）强化学生的理论与实践相互结合并灵活运用的能力。

（3）使学生熟悉新闻发布会具体流程，锻炼学生相关公务处理能力。

（4）培养团队成员主动沟通的意识，体验有效的沟通渠道和沟通方法。

（5）通过本次新闻发布会的模拟，提高学生的思辨能力，培养学生的创新精神。

（6）强调资源共享，通过加强资源的合理配置来提高团队的整体效率。

（7）体会团队成员之间加强合作的重要性。

三、实验前置知识点

（一）新闻发布会概述

新闻发布会，是政府或某个社会组织定期、不定期或临时举办的信息和新闻发布活动，直接向新闻界发布政府政策或组织信息，解释政府或组织的重大政策和事件。新闻发布会通常有正规的形式，符合一定的规格，根据发布会所发布的内容精心选择召开的时间和地点；邀请记者、新闻界（媒体）负责人、行业部门主管、各协作单位代表及政府人员参加，实现了时间集中、人员集中、媒体集中，通过报刊、电视、广播、网络等大众传播手段的集中发布，迅速将信息扩散给公众。

（二）新闻发布会的重要性

新闻发布会关系到社会治理。在地方层面，新闻发布会通常由地方政府或相关部门组织，旨在向社会公开解释政策，回应公众关切。新闻发布会融合人际传播、组织传播、大众传播等多种形式，涵盖大众、组织和个人等多元目标群体。通过新闻发布会，政府可以及时向公众传达最新的政策信息，解答公众的疑问，收集公众的反馈，从而更好地服务公众。同时，新闻发布会也有助于提高政府的公信力和透明度，增强公众对政府工作的信任和支持。新闻发布会是政府与公众沟通的重要桥梁，对推动政策的实施，保障民众的权益以及促进社会的和谐稳定具有重要意义。

（三）新闻发布会和记者招待会的区别

新闻发布会侧重于发布新闻，如企业研制生产了某种新产品或推出了某项对社会有重要影响的革新项目。记者招待会的主要目的是和新闻媒介、公众进行沟通。如企业受到了负面的社会舆论为了挽回形象并争取舆论支持，则有必要召开记者招待会。

四、实验步骤与内容

（一）案例导入

教师可在自然灾害、安全事故、公共卫生事件、社会安全事件等各类突发事件中选择其一进行情景构建。

（二）合理组建小组，确定新闻发布会主题

实验要求：学生自行组建小组团队，包括新闻发言人、主持人、记者、技术支持人员、资料收集与撰写人员等，明确各成员的职责。围绕自然灾害、事故灾难、公共卫生事件和社会安全事件，每小组针对一类突发事件，自行选择案例场景，选定具有一定新闻价值和可操作性的主题。

你选定的新闻发布会的主题是什么?
在选定新闻发布会主题过程中遇到了哪些困难?
上述困难是如何解决的?

(三)收集相关资料,做好发布会准备

实验要求:针对选定的主题,深入收集相关资料。根据资料,撰写新闻通稿,要求简洁明了、重点突出,涵盖事件的核心信息;选择合适的场地模拟新闻发布会现场并进行简单布置;准备好必要的设备,确保设备能正常使用。

你收集到的资料有哪些?
在收集资料过程中遇到了哪些困难?
上述困难是如何解决的?

(四) 主持人开场,发言人发布新闻

实验要求:主持人介绍出席新闻发布会的人员,简要说明新闻发布会的主题和目的,宣布新闻发布会开始;新闻发言人按照准备好的新闻通稿进行发言,清晰、准确地向在场的"记者"和观众传达新闻信息。发言过程中要注意口头语言和肢体语言表达等,保持良好的形象和专业素养。

你所扮演的角色是什么?
你所扮演的角色使你学习到了什么?

(五) 记者提问,观众互动

实验要求:“记者”根据事先准备的问题以及新闻发言人发布新闻后的新想法,依次向新闻发言人提问。问题要具有针对性、专业性和一定的深度,涵盖主题的各个方面。新闻发言人要当场回答问题,回答时要简洁明了、逻辑清晰,避免模糊不清或回避问题。设置互动环节,如现场观众提问、在线观众提问等,进一步增加新闻发布会的参与度和真实感。

你印象深刻的记者或观众的提问是什么?
在回答问题的过程中遇到了哪些困难?
上述困难是如何解决的?

（六）评价总结

实验要求：模拟结束后，各组分享经验、分析不足，由教师和同学共同评估各组的表现。

请评估你所在组的总体表现(亮点与不足)?
你在模拟过程中收获的经验是什么?
你在模拟过程中存在的不足是什么?

五、个人总结与思考

完成实验后，请撰写总结报告，总结自己在实验过程中的表现及学到的知识和技能，并提出改进意见。（实验总结报告可单独打印）

六、指导教师评价

评价指标(100%,满分 100)	得分	总分
综合表现评价(20 分):对学生的实验态度、考勤、配合程度、合作意识、自我约束等方面进行考核和评价。通过观察和了解学生综合实验能力、团结协作能力,评价其综合表现,包括团队协作意识和责任意识		
方案设计评价(20 分):文献检索、文献阅读、归纳总结、方案设计等能力;语言表达、文献理解、实验准备情况等。考查学生查阅文献、整理文献的能力及方案设计能力,使学生面临一个新课题或新项目时,能够自主制定可行实验方案		
操作过程性评价(40 分):学生独立操作能力、协同操作能力、操作规范性、解决问题能力以及实验记录情况、数据分析、过程分析等。主要考查学生的实际操作能力、学生之间的协助能力及遇到问题的分析和处理能力等		
实验总结性评价(20 分):实验总结、结果分析、问题发现、收获与体会等。重点考查学生对于实验过程的关键技术环节的掌握程度、分析问题和解决问题的能力等		

实验3　模拟公共安全听证会

（建议学时：4）

一、实验概述

本实验通过组织一场模拟听证会，让学生分角色扮演政府有关部门负责人、基层社区管理者、物业管理者、居民、社会组织代表、专家等角色，就某一公共安全主题展开讨论、协商，从而训练学生的批判性思维，提升学生在复杂情况下作出合理判断的能力。同时，在全员参与的情况下，模拟公共安全听证会的整个过程也考验学生的团队合作能力，强化团队意识。这些非专业能力和综合素质的提升，可以为学生未来走向工作岗位、尽快融入团队奠定良好的基础。

二、实验目标

（1）通过课前准备，熟悉公共安全听证会流程和具体内容。

（2）通过实际参与，锻炼学生的表达能力、表现能力和随机应变能力。

（3）通过小组合作，培养团队成员主动沟通的意识，体会团队成员之间加强合作的重要性。

三、实验前置知识点

（一）听证会的概述

听证会是指立法机关在制定规范性文件过程中，组织相关部门、专家、学者和其他直接利害关系方陈述意见，为立法机关审查提供依据的一种重要手段。听证会具有公开、透明、公正、客观的特点，旨在促进立法的法治化、民主化和科学化。听证会可以分为立法听证会和行政听证会两种主要类型：① 立法听证会：立法机关在制定法律法规的过程中，通过听证会形式公开听取公众意见，确保法律的合理性和可行性。② 行政听证会：行政机关在作出重大行政处罚决定前，如责令停产停业、吊销许可证等，必须告知当事人有要求听证的权利。当事人要求听证的，行政机关应当组织听证。

（二）听证会的人员构成

书记员：负责记录听证会的全过程，制作听证笔录或视听资料。

听证主持人：负责主持听证会，介绍听证事项和听证内容，确保听证会的顺利进行。

行政机关承办人员：负责陈述意见、理由和依据。

行政管理相对人、利害关系人：陈述意见、理由和依据，并进行质证和辩论。

其他听证参加人：如有需要，可以发表意见。

（三）听证会的原则

一是不重复听证原则；二是公开原则；三是公正原则；四是客观原则，即如实提供情况和如实报道原则。

（四）听证会的步骤

1. 听证会的准备

确定好听证主持人、听证方式以及举行听证的时间和地点，行政机关应当在听证举行七日前，通知当事人举行听证的时间、地点、听证人员的名单等事项。旁听人员的确定，应参照人民法院旁听的办法，按到会场的先后顺序确定。此外，听证机构应当保证媒体参加听证会，并进行报道。

2. 听证会的举行

（1）宣布听证会纪律。

（2）听证主持人宣布听证会开始，核对当事人、案件调查人员等是否到场，询问当事人是否要求回避。

（3）行政调查人员提出当事人违法的事实、证据、处罚依据以及行政处罚建议。

（4）当事人申辩，并提交证据。

（5）听证主持人询问当事人或者其代理人、案件调查人员、证人和其他有关人员。

（6）行政调查人员与当事人之间展开辩论。

（7）当事人做最后陈述。

（8）听证主持人宣布听证会结束。

3. 听证会的结果

听证结束后，听证笔录应当交当事人审核无误后签字或盖章。听证主持人应当在听证结束后将听证情况和听证意见向行政机关负责人汇报，由行政机关负责人作出决定。

四、实验步骤与内容

（一）课前引导

实验要求：上课前两周发布模拟听证会的实验任务，将全班分为三个大组模拟听证会，请学生准备模拟听证会流程，确定与公共安全高度相关且具有现实引导意义的主题，根据具体实验任务做好团队分工。提前提供两三个经典听证会视频和一份听证会预习材料，并设置3～5个课前思考问题，讲解模拟听证会的意义、流程、要求和注意事项，引导学生进行模拟听证会准备。同时，注意强调实验过程中的纪律要求、实验考核要求和实验评分细则。

（二）小组分工与准备展示

要求各小组分别陈述模拟听证会的准备过程，具体包括：整体协调和组内分工情况；如何确定本次听证会的主题；以何种方式收集本次听证会主题相关的法律、政策、案例等资料以及表明本组各个同学的身份和职业定位，同时阐述本组听证会的结构和时间安排。

本组听证会主题选择及原因是什么？
在听证会准备过程中遇到了哪些困难？

上述困难是如何解决的？

（三）开展模拟听证会

实验要求：各小组布置模拟听证会现场，依次开始进行模拟听证会实验；主持人介绍所选公共安全事件的背景、目的和议程，宣布听证会开始；各利益相关方代表就公共安全事件的利益诉求进行陈述，阐述各自的观点和立场；专家和公众代表对陈述人的观点进行质询，提出问题和质疑；各方围绕公共安全事件的争议点进行辩论，进一步阐述和辩护自己的观点；最后对争议讨论进行总结，提炼出各方的共识和分歧，提出后续工作改进的建议。同时，教师和其他学生注意观察记录，为后面总结点评做准备。

本组听证会重点陈述的观点有哪些？
在听证会开展过程中遇到了哪些困难？

上述困难是如何解决的?

(四) 现场互动

实验要求:安排学生在模拟听证会现场进行互动提问,其他学生可以扮演成观众角色,提出问题或对听证会的进程进行反馈。主持人负责筛选出有代表性和讨论价值的问题。

本组听证会收到哪些现场提问?
在回答问题时存在哪些困难?

上述困难是如何解决的?

（五）总结点评

实验要求：各组依次展示结束后，进行本组总结，指出本次模拟听证会的亮点和不足；各组之间进行互评，从听证会的主题选择、组织、表现等方面进行评价，并提出建设性的意见和建议。教师根据观察记录，对各组的表现进行总结点评，指出各组优点和需要改进的地方。

请评估你所在小组的总体表现(亮点与不足)?
请评价给你留下最深印象一组的总体表现(亮点与可优化的地方)?

你在模拟过程中收获的经验是什么?
你在模拟过程中可改进的地方是什么?

五、个人总结与思考

完成实验后,请撰写总结报告,总结自己在实验过程中的表现及学到的知识和技能,并提出改进意见。(实验总结报告可单独打印)

六、指导教师评价

评价指标(100%,满分 100)	得分	总分
综合表现评价(20 分):对学生的实验态度、考勤、配合程度、合作意识、自我约束等方面进行考核和评价。通过观察和了解学生综合实验能力、团结协作能力,评价其综合表现,包括团队协作意识和责任意识		
方案设计评价(20 分):文献检索、文献阅读、归纳总结、方案设计等能力;语言表达、文献理解、实验准备情况等。考查学生查阅文献、整理文献的能力及方案设计能力,使学生面临一个新课题或新项目时,能够自主制定可行实验方案		
操作过程性评价(40 分):学生独立操作能力、协同操作能力、操作规范性、解决问题能力以及实验记录情况、数据分析、过程分析等。主要考查学生的实际操作能力、学生之间的协助能力及遇到问题的分析和处理能力等		
实验总结性评价(20 分):实验总结、结果分析、问题发现、收获与体会等。重点考查学生对于实验过程的关键技术环节的掌握程度、分析问题和解决问题的能力等		

4 风险评估与管理

姓名：__________ 学号：__________

专业：__________ 班级：__________

组序：__________ 学期：__________

实验1　风险评估准备实验

（建议学时:4）

一、实验概述

本实验以风险评估相关理论为基础，以自然灾害、事故灾难等危机事件为载体，以角色扮演的形式，通过游戏化形式模拟训练，让学生具备一定的风险认知能力，掌握风险监测及其相关部门的职责等基本知识与流程。学生不仅需要在游戏操作中学会识别和分析各种风险、确定风险源，观测监测面板监测数据，还要根据监测数据的变化作出研判，在不同部门间分配风险管理责任，进行准确、及时的风险评估准备活动。系统会对学生的操作结果进行智能评定打分，学生可查看实验报告，对实验操作进行复盘，通过报告和预案填写，总结自己实验过程的优缺点，由此在下次实训中作出更合理的风险评估方案，更加深刻地理解风险评估课程。

二、实验目标

(1) 通过解决实际问题，启发并加深学生对风险评估相关理论知识的理解与掌握。

(2) 通过理论联系实际，掌握各类风险的内容、影响、监测等相关知识。

(3) 通过实践操作提高学生的风险识别和研判、指挥能力。

三、实验前置知识点

(一) 风险识别

1. 风险识别的概念

风险识别是指对可能影响组织或个人目标实现的各种潜在风险进行系统、全面地识别和评估的过程。

2. 风险识别的过程

(1) 收集信息：了解组织或个人所处的环境，包括政治、经济、社会、自然等方面的情况。

（2）识别风险：根据收集到的信息，分析可能对组织或个人目标实现产生负面影响的风险因素。

（3）评估风险：对识别出的风险进行定性或定量评估，确定其发生的可能性和影响程度。

（4）制定应对措施：根据风险评估结果，制定相应的应对措施，包括风险规避、风险转移以及风险减轻等。

（二）突发事件

突发事件包括自然灾害、事故灾难、公共卫生事件和社会安全事件等四大类。

自然灾害：主要是指水旱灾害、气象灾害、地震灾害、地质灾害、生物灾害和森林草原火灾等。

事故灾难：主要包括工矿商贸等企业的各类安全事故、交通运输事故、公共设施和设备事故、环境污染和生态破坏事件等。

公共卫生事件：主要包括传染病疫情、群体性不明原因疾病、食品安全和职业危害、动物疫情以及其他严重影响公众健康和生命安全的事件。

社会安全事件：主要包括群体性事件、金融突发事件、涉外突发事件、影响市场稳定的突发事件、恐怖袭击事件和刑事案件。

（三）风险监测内容

风险监测是指通过对风险源和环境条件进行实时、连续的监测和控制，及时获取并识别可能造成威胁的因素和潜在风险。风险监测的意义在于及时发现风险变化，以便采取相应的应对措施。风险监测的主要目的是为风险预警和应急预案提供科学依据，为风险评估和应急决策提供信息支持。

（四）风险监测职责

政府部门	相关职责
政府减灾机构	1. 加强地震监测预报、震灾预防和紧急救援建设与管理 2. 加强防震减灾科普知识宣传教育 3. 组织全街道防台风、防暴雨、防洪、防地震、防危房倒塌工作
政府粮农组织	为各受灾区域运输抗灾粮食

（续表）

政府部门	相关职责
气象组织	1. 指导、监督行政区域内的气象活动 2. 负责行政区域内的气象观测工作，组织管理行政区域内气象观测资料的汇总、传输，依法保护气象探测环境 3. 负责行政区域内的预报管理工作，及时提出气象灾害防御措施，并对重大气象灾害作出评估 4. 管理行政区域人工影响天气工作，指导和组织人工影响天气作业；组织管理天气灾害防御工作 5. 负责向政府和同级有关部门提出利用、保护气候资源和推广应用气候资源区划等成果的建议；组织气候可行性论证
地区预警技术中心	1. 监测地区相关灾害评定指标数据 2. 监测地区相关受灾对象指标数据
水利组织	1. 负责保障水资源的合理开发利用 2. 负责生活、生产经营和生态环境用水的统筹和保障 3. 指导水资源保护工作、负责节约用水工作 4. 指导水利设施、水域及其岸线的管理、保护与综合利用 5. 指导监督水利工程建设与运行管理 6. 负责重大涉水违法事件的查处
专业观测站台及预警中心	1. 气象观测、预报预警、公共气象服务设备维护等工作 2. 专项气象服务工作和防雷减灾相关工作
通信部门	1. 统筹各预警部门 2. 拓宽预警发布途径 3. 加速预警发布效率

四、实验步骤与内容

（一）开展风险识别

实验要求：查看图文信息，了解各类风险内容、风险影响等。随后在3D仿真场景内识别该区域存在的风险源，包括区域概况、安全风险、环境风险源、环境风险受体等，通过信息和场景，发现潜在的风险，进行查找、记录，并设定风险等级，对不能排除的风险源，设置相应的约束手段。

该场景存在的风险有哪些？
在风险等级设定中遇到了哪些困难？
上述困难是如何解决的？

（二）明确部门职责

实验要求：在实验中了解参与风险监测流程中的各个部门及其所负责的灾害类型与内容；根据风险识别确定区域风险分布情况；同时实时根据事件变化进行风险监测记录，包括监测数据、原始记录、问题情况报告等；综合所获得的信息对各个风险监测部门进行人员与设备投入调配，进行风险排查。

对各个区域的部门资源调用分配结果是什么？
在配置过程中遇到了哪些困难？
上述困难是如何解决的？

（三）进行风险监测与研判

实验要求：通过选择灾害面监测相关数据指标，可以查看该指标相关全图的可视化面板以及单个区域受影响程度监测数据，并据此进行研判；通过数据的可视化面板以及危机事件演进提示，重新设定、调整正在监测的灾害面；对新的灾害面进行风险评估，开启新的风险监测指标。

设定风险监测指标的依据是什么？
在重新调整正在监测的灾害面时遇到了哪些困难？
上述困难是如何解决的？

五、个人总结与思考

完成实验后，请撰写总结报告，总结自己在实验过程中的表现及学到的知识和技能，并提出改进意见。（实验总结报告可单独打印）

六、指导教师评价

（一）过程评价（50%，满分 100）		
评价指标	得分	总分
实验准备和出勤（20 分）：评估学生在实验前的准备工作，包括熟悉实验目的、方法和操作步骤，了解所需的实验设备和材料，具备必要的基础理论知识和操作技能等，按时全程参与实验		
实验操作（20 分）：评估学生在实验过程中的操作能力，包括正确设置和调整实验参数，准确、规范地完成操作步骤，灵活应对实验中可能出现的问题和困难等		
实验分析（20 分）：评估学生对实验数据的处理和结果分析的能力，包括正确、完整地记录和整理实验数据，合理进行数据分析，准确、有逻辑地解读实验结果，能够进行总结并给出解决办法		
总结报告的撰写（40 分）：评估学生撰写总结报告的能力，包括格式规范，内容完整，条理清晰，实验数据记录正确、充分、完整，分析详细透彻，心得体会深刻，有创意，论述合理详细，有自己的见解等		
（二）结果评价（50%，满分 100）		
评价指标	得分	总分
风险识别准确率（30 分）		
风险识别完成率（30 分）		
风险类别覆盖度（20 分）		
风险信息收集率（20 分）		
最终成绩		

实验2　风险评估过程实验

（建议学时：4）

一、实验概述

本实验以风险评估理论为基础，以现实突发事件为载体，通过模拟风险评估实验过程，让学生深入风险场景，亲身体验风险评估活动。从确定评估对象、收集资料、分析风险到制定应对策略的完整流程，可以使学生直观感受看似安全的情境中蕴藏的危机，从而加深对风险评估理论知识和实验操作的理解。在这个过程中，学生可以针对校园内外可能存在的风险地区或场景展开评估，运用所学方法分析风险，从而提升对风险的感知和风险应对能力。同时，制定风险评估报告环节，可以增强学生的团队协作能力、资料整合能力以及表达能力，培养严谨、科学对待风险的态度，帮助学生今后在面对复杂多变的风险情况时能更好地作出决策。在整个模拟实验过程中，边看边学边思考，可以提高学生对灾害风险评估系统的认知和感悟能力。

二、实验目标

（1）认识历史灾害风险库，了解各类自然灾害及其影响因素。

（2）根据受灾区域灾害分析情况及地理信息来设定灾害面。

（3）通过实验操作掌握风险评估的基本流程与方法，评估风险并给出应对策略。

三、实验前置知识点

（一）历史灾害风险库

历史灾害风险库收集、整理和分析了各种历史灾害数据，用于了解灾害发生的频率、强度、影响范围等信息，为风险评估提供依据。它包含了自然灾害类、事故灾难类等不同灾害面的历史灾害信息——灾害类型、发生时间、灾害影响因素、灾害评定指标、灾害危害对象及危害指标、灾害历史变化趋势。历史灾害风险库的建立对于防灾减灾工作具有重要意义。通过对历史灾害的研究，可以揭示灾害的发生规律、发展趋势以及与各种环境因子之间的关系，为未来的灾害预防、风险评估和应急响应提供科学依据。历史灾害风险库是评估社会经济系统抗灾能力的重要工具，可以帮助政府和相关部门制定更加合理、有效的防灾减灾政策。

（二）受灾区域灾害分析

受灾区域灾害分析是指对受灾区域所遭受的灾害进行系统的、深入的研究和评估。该项工作通常包括以下几个方面：分析灾害发生的原因，如自然因素（地震、洪水、旱灾等）或其他人为因素（如战争、疫情等）；灾害对人员、财产和基础设施造成的直接和间接损失；灾害对社会经济活动的影响，包括生产中断、就业机会减少、收入下降等；未来可能面临的灾害风险和应对策略。通过对这些方面的分析，可以更全面地了解灾害的影响，并采取有效的应对措施。

（三）灾害面分析

灾害面是一个多维度的概念，通常指的是灾害影响的范围或领域，用于全面描述灾害的影响范围和深度。

（1）地理范围：灾害影响的具体地理位置和区域。

（2）受影响的对象：包括人类生命、财产、基础设施、生态系统等。

（3）灾害类型：不同的灾害类型有不同的影响面。如自然灾害包括地震、洪水、飓风、干旱等；人为灾害包括战争、污染、交通事故等。

（4）时间和持续性：灾害发生的时间段及其持续时间。

（5）社会和经济影响：灾害对社会秩序、经济活动、公共服务等方面的影响。

设定灾害面步骤内包含选择灾害面的面积、位置、地理信息等，设定灾害内容，填写设定依据（包含历史灾害风险库相关依据、地理信息相关依据）。

（四）风险评估原则

风险管理是一个过程，其目的是应对可能对公众的生命、健康与财产安全造成影响的风险。同时，风险管理也是一个系统的方法，包括确立风险背景、评估风险、处置风险等。在进行危机风险评估时，要遵循以下基本原则，以保证风险评估的有效进行。

(1) 客观性原则。在进行危机风险评估过程中,要坚持实事求是的原则,坚持科学的态度,采用科学的方法,遵循科学规范的程序。

(2) 系统性原则。现代社会是一个复杂的大系统,危机种类众多,并且相互关联性很强,经常会牵一发动全身。比如,地震会引发火灾、洪涝后易发生疫病等。进行风险评估时应该全面系统地收集信息、综合考虑各种因素,从系统的角度出发,尽可能全面、充分地考虑各种风险的相关性、叠加性。

(3) 规范化原则。进行危机风险评估所使用的方法和程序等应有一个统一规范的基本准则,其中包括评估程序、评估方法、评估指标体系等。规范化有利于信息交流沟通,有利于不同风险、不同地区的比较对照。

(4) 动态性原则。动态性原则是指,有可能诱发危机的危险要素是处于不断运动变化之中的,评估得出的结论具有一定的时效性。因此,必须持续地进行监测,动态性地进行评估,及时采取应对措施。

在实验中,公共危机管理及相关部门通过先进的监测技术装备,对危险要素进行持续跟踪,不断地获取、处理数据,为进行风险评估奠定坚实的基础。

四、实验步骤与内容

(一) 案例导入

2023 年 4 月 18 日 12 时 50 分,北京市丰台区靛厂新村 291 号北京长峰医院发生重大火灾事故,造成 29 人死亡、42 人受伤,直接经济损失 3 831.82 万元。国务院常务会议审议通过了北京丰台长峰医院“4·18”重大火灾事故调查报告。经国务院事故调查组调查认定,这是一起因事发医院违法违规实施改造工程、施工安全管理不力、日常管理混乱、火灾隐患长期存在,施工单位违规作业、现场安全管理缺失,加之应急处置不力,地方党委政府和有关部门职责不落实而导致的重大生产安全责任事故。(案例来源《北京长峰医院重大火灾事故调查报告公布》,载应急管理部网 2023 年 10 月 25 日,https://www.mem.gov.cn/xw/bndt/202310/t20231025_466750.shtml)

(二) 确定评估对象,明确评估边界

实验要求:选取一个具体、明确的情境作为评估对象,避免对象过于宽泛笼统,同时,评估对象必须在学生能力与实验条件允许范围内,确保可操

作性；突出评估重点，保证边界清晰；选择的评估对象与后续风险评估步骤要协调连贯。

确定的评估对象是什么？
在确定评估对象过程中遇到了哪些困难？
上述困难是如何解决的？

（三）风险评估资料收集

实验要求：充分利用实验数据，通过查阅历史灾害风险库进行资料收集。根据评估对象特点，在获取资料后，进行科学的资料整合与分析。

收集到的风险评估资料有哪些？
在收集资料过程中遇到了哪些困难？
上述困难是如何解决的？

（四）完成风险清单

实验要求：汇总通过资料收集环节得到的所有信息，将从多种渠道收集而来的数据、报告、记录等资料进行系统整合，设定灾害面；运用头脑风暴法，提出评估对象可能存在的风险；初步列举风险，形成一份完整、清晰的风险清单。

制定的风险清单是什么？
在形成风险清单过程中遇到了哪些困难？
上述困难是如何解决的？

（五）进行风险分析，确定风险等级

实验要求：根据风险评估具体场景和所获得的数据情况，包括事故可能发生的频率、损失程度等数据，选择合适的风险分析方法；综合运用分析方法，有效结合定量分析和定性分析的方法，确定风险等级，为应对策略做准备。

确定风险评价等级的原因是什么？
在风险分析和评价过程中遇到了哪些困难？
上述困难是如何解决的？

五、个人总结与思考

完成实验后，请撰写总结报告，总结自己在实验过程中的表现及学到的知识和技能，并提出改进意见。（实验总结报告可单独打印）

六、指导教师评价

<table>
<tr><td colspan="3">(一)过程评价(50%,满分100)</td></tr>
<tr><td>评价指标</td><td>得分</td><td>总分</td></tr>
<tr><td>实验准备和出勤(20分):评估学生在实验前的准备工作,包括熟悉实验目的、方法和操作步骤,了解所需的实验设备和材料,具备必要的基础理论知识和操作技能等,按时全程参与实验</td><td></td><td rowspan="4"></td></tr>
<tr><td>实验操作(20分):评估学生在实验过程中的操作能力,包括正确设置和调整实验参数,准确、规范地完成操作步骤,灵活应对实验中可能出现的问题和困难等</td><td></td></tr>
<tr><td>实验分析(20分):评估学生对实验数据的处理和结果分析的能力,包括正确、完整地记录和整理实验数据,合理进行数据分析,准确、有逻辑地解读实验结果,能够进行总结并给出解决办法</td><td></td></tr>
<tr><td>总结报告的撰写(40分):评估学生撰写总结报告的能力,包括格式规范,内容完整,条理清晰,实验数据记录正确、充分、完整,分析详细透彻,心得体会深刻,有创意,论述合理详细,有自己的见解等</td><td></td></tr>
<tr><td colspan="3">(二)结果评价(50%,满分100)</td></tr>
<tr><td>评价指标</td><td>得分</td><td>总分</td></tr>
<tr><td>评估对象的信息完整率(20分)</td><td></td><td rowspan="4"></td></tr>
<tr><td>风险清单完成率(20分)</td><td></td></tr>
<tr><td>风险分析准确率(30分)</td><td></td></tr>
<tr><td>风险评价准确率(30分)</td><td></td></tr>
<tr><td>最终成绩</td><td colspan="2"></td></tr>
</table>

实验3　风险应对与处置实验

（建议学时：4）

一、实验概述

本实验以风险应对与处置相关理论为基础，以现实突发事件为载体，让学生以角色扮演的形式完成对突发事件的处置和管理。本实验可为学生提供多样化的突发事件情景，学生在3D仿真情境中进行多种操作，在各部门的职能范围内进行任务处置或多部门协作配合进行决策以完成任务。与此同时，让学生深入理解风险应对与处置工作概貌，提高查看报警信息并核实、发布预警信息、设置预警类型、等级、响应部门及内容、根据现场的信息反馈进行处置力量指导的能力。根据风险应对与处置的原则及设定的评价指标权重，对操作结果进行评分，学生在完成实验后，可以查看实验报告，通过报告总结自己在实验过程中的优缺点，更加深刻地理解风险的预警和处置工作。

二、实验目标

（1）通过具体的危机事件引导内容，提高学生应对风险的反应力和执行力。

（2）让学生掌握预警发布的基本流程与方法，能够根据危机事件内容预演，及时发布准确的预警信息。

（3）掌握各类风险应对所需要投放的处置力量。

（4）掌握投放各类处置力量所属部门。

三、实验前置知识点

（一）预测预警的作用及流程

（1）预测预警处于公共危机管理的“前哨”位置，主要功能在于预测可能发生的公共危机及其危害程度、督促公众做好应急准备，启动危机响应行动，最大限度地降低公共危机所导致的损失，为有效应对公共危机赢得时间。

（2）预测预警的最终目的是使公众采取响应行动、减少公共危机的不利影响。

（3）预测预警的完整流程是：对危险要素持续地进行监测并对警兆进行客观分析，作出风险评估；如果风险评估的结果显示公共危机不会发生，则返回继续监测；如果风险评估的结果显示公共危机可能发生，则向公众发出警示信号；当公众采取有效的响应行动后，预测预警的流程结束。

（二）预警信息发布的原则与内容

（1）预警信息发布遵循“权威统一、及时有效、全面覆盖、精准节约”的原则。

（2）预警信息要素包括发布单位、发布时间、突发事件的类别、起始时间、可能影响的范围、预警级别、警示事项、事态发展、相关措施、咨询电话等内容。

（3）预警信息的级别按照突发事件发生的紧急程度、发展势态和可能造成的危害程度分Ⅳ级（一般）、Ⅲ级（较重）、Ⅱ级（严重）、Ⅰ级（特别严重），依次用蓝色、黄色、橙色和红色表示，同时以中英文标识。

（三）风险应对的概念及内容

（1）风险应对的概念。风险应对是指在确定了决策的主体经营活动中存在的风险，并分析出风险概率及其风险影响程度的基础上，根据风险性质和决策主体对风险的承受能力而制订的回避、承受、降低或者分担风险等相应防范计划。制定风险应对策略主要考虑四个方面的因素：可规避性、可转移性、可缓解性以及可接受性。

（2）风险应对的内容。首先，对触发事件的通知作出反应。得到授权的个人必须对触发事件做出反应。适当的反应包括回顾当前现实以及更新行动时间框架，并分派风险行动计划。其次，执行风险行动计划。应对风险应该按照书面的风险行动计划进行。再次，对照计划，报告进展。确定和交流对照原计划所取得的进展。定期报告风险状态，加强小组内部交流，小组必须定期回顾风险状态。最后，校正偏离计划的情况。若结果严重偏离计划，就必须改取其他途径，将校正的相关内容记录下来。

（四）风险处理方式

（1）避免风险是指放弃某一计划或方案从而避免可能由此带来的损失

后果。这是一种消极的处理技术。采用避免风险技术通常在两种情况下进行:一是某特定风险所致损失频率和损失幅度相当高时,二是在处理风险时,当成本大于收益时。

(2) 自留风险是企业或单位自我承受风险损害后果的方法,包括主动自留和被动自留。通常情况下,在风险所致损失频率和幅度低、损失短期内可预测以及最大损失对企业或单位不影响财务稳定时采用自留。

(3) 损失预防是指在风险损失发生前为了消除或减少可能引发损失的各种因素而采取的处理风险的具体措施,目的在于通过消除或减少风险因素降低损失发生频率。通常在损失频率高而损失强度低时采用损失预防。常用的方法有:工程物理法和人类行为法。事故产生有两种可能性,一是物的不安全状态,二是人的不安全行为。工程物理法的损失预防措施侧重于风险单位的物质因素,如防火结构设计、防盗装置等;人类行为法的损失预防侧重于人们行为教育,如职业安全教育、消防教育等。

(4) 损失抑制是指在损失发生时或之后为了缩小损失幅度而采取的各项措施,是处理风险的一种有效技术。例如,安装自动喷淋系统和火灾报警器等。损失抑制的一种特殊形态是割离,指将风险单位割离成许多独立的小单位而达到缩小损失幅度的一种方法。损失抑制法通常在损失幅度高且风险无法避免或转嫁的情况下采用。

(5) 转嫁风险是指一些单位或个人为避免承担风险损失,有意识地将损失或与损失有关的财务后果转嫁给另一单位或个人承担的一种风险管理方式,常用的方式有保险转嫁和非保险转嫁。

四、实验步骤与内容

(一) 预警发布

实验要求:查看危机事件导引,结合灾害面、风险点相关信息等进行分析研判,开展预警级别、预警部门、预警内容、防御措施等预警信息发布,根据突发事件演进,调整预警信息内容,直至突发事件预警解除。

结合灾害面、风险点、风险评估结果等信息进行风险研判。
预警信息发布过程中存在哪些困难？
上述困难是如何解决的？

（二）指导处置力量投放

实验要求：选择处置的对象灾害面；打开指导处置力量工具栏；选择处置部门；选择处置内容；设定调配人员；设定调配时间；查看监测数据变化，判断处置力量正误并进行调整。

指导处置力量投放的关键环节是什么？

这一过程中存在哪些困难？
上述困难是如何解决的？

（三）制定风险应对策略

实验要求：根据当前获取信息确定风险应对目标，结合风险的性质、潜在影响和发生概率制定风险应对策略。风险应对策略要具有针对性和可操作性，应涵盖预防、减轻、转移和接受等多种类型。对制定好的策略进行全面的整合与完善，检查各策略间是否协调统一，确保其能有效应对风险。

你所制定的风险应对策略是什么？

在这一过程中存在哪些困难？
上述困难是如何解决的？

五、个人总结与思考

完成实验后，请撰写总结报告，总结自己在实验过程中的表现及学到的知识和技能，并提出改进意见。（实验总结报告可单独打印）

六、指导教师评价

（一）过程评价（50%，满分100）		
评价指标	得分	总分
实验准备和出勤（20分）：评估学生在实验前的准备工作，包括熟悉实验目的、方法和操作步骤，了解所需的实验设备和材料，具备必要的基础理论知识和操作技能等，按时全程参与实验		
实验操作（20分）：评估学生在实验过程中的操作能力，包括正确设置和调整实验参数，准确、规范地完成操作步骤，灵活应对实验中可能出现的问题和困难等		
实验分析（20分）：评估学生对实验数据的处理和结果分析的能力，包括正确、完整地记录和整理实验数据，合理进行数据分析，准确、有逻辑地解读实验结果，能够进行总结并给出解决办法		
总结报告的撰写（40分）：评估学生撰写总结报告的能力，包括格式规范，内容完整，条理清晰，实验数据记录正确、充分、完整，分析详细透彻，心得体会深刻，有创意，论述合理详细，有自己的见解等		
（二）结果评价（50%，满分100）		
评价指标	得分	总分
预警内容准确度（30分）		
预警发布级别设定准确率（30分）		
防御措施精准率（20分）		
处置力量投放准确度（20分）		
最终成绩		

5 安全生产管理理论与实务

姓名：____________ 学号：____________

专业：____________ 班级：____________

组序：____________ 学期：____________

实验1　危化企业安全生产管理桌面演练

（建议学时：6）

一、实验概述

本实验以安全生产管理理论为基础，通过模拟真实工作场景，让学生以角色扮演的方式参与安全生产管理各个环节。实验软件提供多样化的安全生产情境，学生在模拟环境中扮演不同的安全管理人员角色，如安全主管、安全检查员、风险评估员等，担任安全生产管理、风险评估与控制、事故预防与应急响应等任务。系统根据设定的评价指标对团队的操作结果进行智能评分，学生可查看实验报告，总结实验过程，提升安全生产管理技能。

二、实验目标

（1）理论理解。通过解决实际问题，加深学生对安全生产管理理论与实务的理解。

（2）技能提升。通过实践操作，提高学生的安全生产管理、风险评估与控制能力。

（3）团队协作。通过小组合作，培养学生的沟通与协作能力。

三、实验前置知识点

（一）危化企业

危化企业，即危险化学品企业，是指那些从事危险化学品生产、经营、储存、运输或使用等活动的企业。这些企业所处理的危险化学品通常具有毒害、腐蚀、爆炸、燃烧、助燃等性质，对人体、设施及环境均存在潜在危害。根据《危险化学品安全管理条例》的相关规定，危险化学品包括但不限于爆炸品、压缩气体、易燃液体、易燃固体、氧化物、有机过氧化物、有毒物质、放射性物质以及腐蚀品等。

（二）危险源

危险源是指可能导致人身伤害、财产损失、工作环境破坏等的根源或状态。从广义上讲,危险源包括危险载体和事故隐患;从狭义上讲,危险源是指系统中具有潜在能量和物质释放危险的部位、区域、场所、空间、岗位、设备及其位置,这些部位在一定的触发因素作用下可能导致事故发生。危险源通常由三个要素构成:潜在危险性、存在条件和触发因素。

(三) 双重预防机制

双重预防机制是安全风险分级管控和隐患排查治理的合称,这一机制已被正式写入《中华人民共和国安全生产法》,成为生产经营单位必须遵守的法律规定之一。双重预防机制的目的在于构建两道防范生产安全事故的防火墙,以有效遏制事故的发生,提高安全生产水平。双重预防机制包含两个层面的工作。

第一重"预防"是管风险,要求生产经营单位从源头上系统辨识风险,通过运用定性或定量的统计分析方法确定风险严重程度,进而实施分级管控。分级管控包括对不同类别的安全风险进行分类梳理,采用相应的风险评估方法确定安全风险等级,确保从组织、制度、技术、应急等方面对安全风险进行有效管控。通过在醒目位置和重点区域设置安全风险公告栏、制作安全风险告知卡等方式,全面排查风险点、风险因素和危险源,从而加强对风险的管控,提高企业本质安全。

第二重"预防"是治隐患,要求对风险管控过程中出现的缺失、漏洞和风险控制失效环节进行认真排查,及时发现和消除隐患。依据国家安全生产法律、法规,利用安全生产管理相关方法,对生产经营单位的人员、机械设备、工作环境和生产管理进行逐项排查。一旦发现隐患,运用各种治理手段,将其消除在事故发生之前,以确保生产安全。

四、实验步骤与内容

(一) 案例导入

2015 年 8 月 12 日,位于天津市滨海新区天津港的瑞海国际物流有限公司危险品仓库发生火灾爆炸事故,造成 165 人遇难、8 人失踪、798 人受伤。

调查组查明,事故直接原因是瑞海公司危险品仓库运抵区南侧集装箱内硝化棉由于湿润剂散失出现局部干燥,在高温(天气)等因素的作用下加速分解放热,积热自燃;引起相邻集装箱内的硝化棉和其他危险化学品长时间大面积燃烧,导致堆放于运抵区的硝酸铵等危险化学品发生爆炸。调查组同时认定，事故还暴露出有关地方政府和部门存在有法不依、执法不严、监管不力等问题。

此外，调查组还查明，本次事故对事故中心区及周边局部区域大气环境、水环境和土壤环境造成不同程度的污染。天津渤海湾海洋环境质量未受到影响。没有因环境污染导致的人员中毒与死亡病例。目前，对大气环境的影响已基本消除，受污染地表水得到有效处置，事故中心区土壤和地下水正在进行分类处置和修复。对事故可能造成的中长期环境和人员健康影响，有关方面正开展持续监测评估，并采取防范措施。（资料来源《天津港"8·12"瑞海公司危险品仓库特别重大火灾爆炸事故调查报告公布》，载中国政府网 2016 年 2 月 5 日，https://www.gov.cn/xinwen/2016－02/05/content_5039785.htm）

（二）桌面演练

为避免案例事故的再次发生，现进行桌面模拟。各组自行选择，分别扮演事故中的政府及企业相关的负责人的角色。

1. 危险源分析

请查阅资料，对案例企业的危险源展开分析。

天津港瑞海公司危险品仓库的危险源是什么？
请查阅相关资料，分析上述危险源的特性。

一般危险化学品企业有哪些风险?

2. 风险管理措施

针对案例企业进行风险管理措施展开分析。

可以采取哪些措施预防上述风险的发生?
请对上述预防措施进行归类。

请根据重要性对上述预防措施进行排序。

3. 事故原因回溯

请对案例中事故发生的原因展开分析。

案例企业在风险管理过程中出现了哪些问题？
出现上述问题的原因有哪些？

请对上述原因进行归类。

4. 事故总结

请对如何避免类似事故再次发生进行分析。

可以采取哪些措施避免类似事故再次发生?

请对上述措施进行归类。

请根据重要性对上述措施进行排序。

（三）经验总结

模拟结束后，各小组分享经验、分析不足，由教师和同学共同评估各小组的表现。

请评估你所在小组的总体表现。
此次模拟中收获的经验是什么？

此次模拟中存在哪些不足？

五、个人总结与思考

完成实验后，撰写总结报告，总结自己在实验过程中的表现及学到的知识和技能，并提出改进意见。（实验总结报告可单独打印）

六、指导教师评价

(一)过程评价(50%,满分100)		
评价指标	得分	总分
实验准备和出勤(20分):评估学生在实验前的准备工作,包括熟悉实验目的、方法和操作步骤,了解所需的实验设备和材料,具备必要的基础理论知识和操作技能等,按时全程参与实验		
实验操作(30分):评估学生在实验过程中的操作能力,包括正确设置和调整实验参数,准确、规范地完成操作步骤,具有团队协作与沟通能力,能灵活应对实验中可能出现的问题和困难等		
实验分析(20分):评估学生对实验数据的处理和结果分析的能力,包括正确、完整地记录和整理实验数据,合理进行数据分析,准确、有逻辑地解读实验结果,能够进行总结并给出解决办法		
总结报告的撰写(30分):评估学生撰写总结报告的能力,包括格式规范,内容完整,条理清晰,实验数据记录正确、充分、完整,分析详细透彻,心得体会深刻,有创意,论述合理详细,有自己的见解等		
(二)结果评价(50%,满分100)		
评价指标	得分	总分
计划制定合理性(20分)		
风险评估的准确性(20分)		
控制措施有效性(20分)		
应急响应及时性(20分)		
总结具有深度(20分)		
最终成绩		

实践2　企业安全生产现场实践

（建议学时：4）

一、实践概述

本实践通过组织学生前往企业进行安全生产现场实践，旨在让学生亲身体验企业安全生产管理现状，通过实践操作与总结，提升学生的现场管理与风险隐患排查能力。

二、实践目标

（1）理论联系实际：将安全生产管理理论应用于安全生产的实际场景中。

（2）技能提升：提高学生现场安全检查与隐患识别的能力。

（3）问题解决：培养学生在实际生产环境中发现问题、分析问题并提出整改建议的能力。

三、实践前置知识点

（一）安全生产管理流程

安全生产管理遵循"规划—组织—实施—监督—改进"的循环模式。首先，要进行详细的规划，制定科学合理的安全方案和作业指导书，明确安全目标和操作要求。组织专业的安全管理团队，选择适合的人员并进行必要的培训，调配必要的人力、物力、财力等资源，确保安全生产工作顺利进行。其次，按照安全方案和作业指导书的要求，实施安全措施和作业，加强现场巡查，确保各项安全措施得到有效落实。同时，对安全生产情况进行持续监督，及时发现和纠正问题，建立有效的安全反馈机制，鼓励员工积极报告安全隐患。最后，定期总结安全生产经验，分析存在的问题和不足，制定改进措施，不断优化安全管理流程和措施，实现安全生产现场管理的持续改进和优化。

（二）安全检查的基本方法

安全检查是确保工作场所安全、预防事故发生的关键步骤，旨在全面、细致地排查潜在的安全隐患。在实际执行检查过程中，采用多种方法相结合的策略至关重要。直观检查法，即通过观察设备的外观、运行状态以及工作场所的整洁度、通道是否畅通等，直接发现明显的安全隐患。询问交流法则通过与管理层、操作人员等进行沟通，了解安全管理制度的执行情况、员工的安全培训情况以及作业过程中的安全注意事项，从而发现潜在的管理漏洞或意识缺失。此外，利用专业的检测仪器，如气体检测仪、电压测试仪等，对特定区域的物理、化学参数进行精确测量，以数据为依据判断是否存在超标或异常情况。

（三）安全隐患的识别标准

从设备设施的角度来看，安全隐患可能存在于设备的超能力、超强度或超定员组织生产中。此外，使用明令禁止使用或淘汰的设备、工艺也是安全隐患的重要来源。

从人员行为方面来看，特种作业人员未持证上岗，或从事高处作业未使用安全带等高处防坠落用品，以及酒后驾车、无证驾车等违章行为，都可能引发安全事故。同时，未按照安全操作规程进行作业，也是常见的安全隐患。

从管理制度来看，未建立与岗位相匹配的全员安全生产责任制，或未制定实施生产安全事故隐患排查治理制度，都可能导致安全管理存在漏洞。此外，未制定操作规程和工艺控制指标，或未按照国家标准制定动火、进入受限空间等特殊作业管理制度，也可能引发安全事故。

从作业环境的角度来看，存在严重水患却未采取有效措施、有冲击地压危险未采取有效措施、自然发火严重未采取有效措施以及作业现场脏乱差等问题都可能影响作业安全。

四、实践内容与步骤

（一）前期准备

通过资料收集、企业负责人讲解，了解企业的发展历史和使命价值，对企业的安全文化和管理体系有初步的认知。

（二）实践环节

观察要点	学习收获
企业的生产流程	
安全生产管理的内容体系	
安全生产管理的责任体系	
安全生产管理的制度体系	
原料存储生产环节的安全管理	该环节的安全管理机制是什么？有哪些安全管理亮点？

（续表）

观察要点	学习收获
生产制造环节的安全管理	该环节的安全管理机制是什么？有哪些安全管理亮点？
包装与装箱生产环节的安全管理	该环节的安全管理机制是什么？有哪些安全管理亮点？
成品存储与物流运输生产环节的安全管理	该环节的安全管理机制是什么？有哪些安全管理亮点？
设备维护与检修生产环节的安全管理	该环节的安全管理机制是什么？有哪些安全管理亮点？
废弃物处理生产环节的安全管理	该环节的安全管理机制是什么？有哪些安全管理亮点？

（续表）

观察要点	学习收获
请找出风险的相关标识	
请找出安全隐患的相关标识	
生产安全管理中的难点有哪些？	
原因有哪些？	
如何解决？	
其他发现或思考	

五、个人总结与思考

实践结束后，撰写总结报告，总结自己在实践过程中的所见所学所思，并提出改进意见。（实践总结报告可单独打印）

通过此次实践，有哪些收获？请写下你的感悟。

六、指导教师评价

（一）过程评价（100%，满分 70）		
评价指标	得分	总分
实践准备与出勤（20 分）：评估学生在实践前的准备工作，包括熟悉实践目的、方法和操作步骤，了解实践所需的前置知识点，具备必要的实践安全知识和操作技能，按时全程参与实践等		
实践操作（20 分）：评估学生在实践过程中的参与能力，包括积极参与实践教学的互动环节，规范完成实践步骤，灵活应对实践中可能出现的问题和困难等		
实践表格填写（30 分）：评估学生对实践数据的收集与总结能力，包括正确、完整地记录和整理实践数据，准确、有逻辑地解读实践结果等		
（二）结果评价（100%，满分 30）		
评价指标	得分	总分
总结报告的撰写（30 分）：评估学生撰写总结报告的能力，包括格式规范，内容完整，条理清晰，实践数据记录正确、充分、完整，分析详细透彻，心得体会深刻，有创意，论述合理详细，有自己的见解等		
最终成绩		

实验3　消防演练模拟实验

（建议学时：6）

一、实验概述

本实验旨在通过模拟真实的火灾场景，让学生亲身体验并参与消防演练的全过程，从而提升火灾应急响应能力和自救互救技能。实验采用角色扮演的方式，让学生分别扮演消防员、安全管理人员、普通员工等角色，在模拟的火灾环境中进行应急处置和疏散演练。

二、实验目标

（1）理论理解。通过模拟演练，加深学生对火灾应急响应理论的理解。

（2）技能提升。提高学生的火灾应急处置和自救互救技能。

（3）团队协作。培养学生的沟通与协作能力，在紧急情况下能够迅速形成有效的团队协作机制。

三、实验前置知识点

（一）火灾基本知识

火灾是指在时间和空间上失去控制的燃烧过程。火灾具有突发性、蔓延性和毁灭性等特点，对人身和财产安全构成严重威胁。

（二）火灾应急响应流程

火灾应急响应流程包括报警、疏散、灭火和救援等环节。在火灾发生时，首先要及时报警并启动应急预案；然后组织人员迅速疏散至安全区域；同时，根据火势情况选择合适的灭火器材和方法进行灭火；最后，对受伤人员进行救援和医疗救治。

（三）消防器材使用方法

在使用灭火器之前，需要确认火灾的类型以及所选灭火器的适用性。常见的灭火器类型有干粉灭火器、泡沫灭火器和二氧化碳灭火器等，分别适用于不同类型的火灾。在发现火情后，要迅速判断火灾类型，并选择合适的灭火器。

在使用灭火器时，应遵循“提、拔、瞄、压、扫”的操作步骤。第一步是“提”，即提起灭火器，迅速跑到火源的安全距离处(一般为 2～3 米)，站立在火源的上风或侧风位置，以确保自身安全。第二步是“拔”，拔掉灭火器的保险销，为接下来的操作做好准备。第三步是“瞄”，将灭火器的喷嘴对准火源的根部，这是灭火的关键部位，能够更有效地阻断火势。第四步是“压”，即压下灭火器的压把，此时灭火剂会喷出。第五步是“扫”，采用由近及远、左右扫射的方式，直至火焰完全熄灭。

在整个灭火过程中，要保持冷静，不要惊慌失措。同时，要注意观察火势的变化，如果火势过大或无法控制，应立即撤离现场并拨打火警电话求助。

四、实验步骤与内容

(一) 情景导入

身份：工厂员工。

工厂：衣物加工厂，人员聚集的六层建筑。

情景：上班时间，工厂的第三层突发火灾，火灾原因尚不明确，救援队与医疗队将于二十分钟后抵达。

(二) 演练模拟

1. 请结合所学知识，规划逃生路径。

所在楼层为____________________。
应如何自救？

2. 请查阅资料,分析火灾原因。

工厂起火的原因可能有哪些?
针对不同的起火原因,应采取哪些对应措施?
今后应如何预防火灾再次发生?

3. 请思考火灾现场如何救助受困人员。

怎么快速确定受困人员分布情况？
依据人员自身情况(如体重,受伤情况等),应如何将其撤离火场？

(三) 经验总结

模拟结束后,各组分享经验、分析不足,由教师和同学共同评估各小组的表现。

请评估所在小组的总体表现。

此次模拟中的收获有哪些？
此次模拟中存在哪些不足？

五、个人总结与思考

学生在完成实验后，撰写总结报告，总结自己在实验过程中的表现及学到的知识和技能，并提出改进意见。（实验总结报告可单独打印）

六、指导教师评价

(一)过程评价		
评价指标(100%,满分 60)	得分	总分
实验准备和出勤(20 分):评估学生在实验前的准备工作,包括熟悉实验目的、方法和操作步骤,了解所需的实验设备和材料,具备必要的基础理论知识和操作技能等,按时全程参与实验		
实验操作(20 分):评估学生在实验过程中的操作能力,包括正确设置和调整实验参数,准确、规范地完成操作步骤,灵活应对实验中可能出现的问题和困难等		
实验分析(20 分):评估学生对实验数据的处理和结果分析的能力,包括正确、完整地记录和整理实验数据,合理进行数据分析,准确、有逻辑地解读实验结果,能够进行总结并给出解决办法		
(二)结果评价		
评价指标(100%,满分 40)	得分	总分
总结报告的撰写(40 分):评估学生撰写总结报告的能力,包括格式规范,内容完整,条理清晰,实验数据记录正确、充分、完整,分析详细透彻,心得体会深刻,有创意,论述合理详细,有自己的见解等		
最终成绩		

6 灾害防治管理

姓名：____________ 学号：____________

专业：____________ 班级：____________

组序：____________ 学期：____________

实验1　自然灾害严肃游戏

（建议学时：4）

一、实验概述

本实验是在学生学习自然灾害防治理论知识的基础上，以严肃游戏为载体，让学生以自然灾害管理者与决策者的身份应对自然灾害。通过游戏，让学生了解自然灾害带来的风险以及如何建设安全的城市与村庄以抵御灾害，了解房屋的位置和建筑材料在自然灾害发生时如何发挥保护作用以及预警系统和疏散计划，教育学生如何在自然灾害中拯救生命。

二、实验目标

（1）通过实验了解不同自然灾害的影响。
（2）通过实验了解如何在有限的资源里防御灾害，减少损失与伤亡。
（3）通过实验理解减灾工作的侧重点。

三、实验前置知识点

（一）严肃游戏

严肃游戏是结合游戏元素与实际应用，广泛用于教育、培训、医疗等领域，以传递知识、培养技能或促进行为改变为核心目标。

（二）危害(Hazard)和灾害(Disaster)的联系与区别

在开始试验前，请学生思考什么是危害，什么是灾害。

危害（Hazard）：

灾害(Disaster):

四、实验步骤与内容

(一) 自然灾害严肃游戏

请自行查找至少三种以自然灾害为主题的严肃游戏。请简要介绍此三种游戏,包括游戏名称、开发者、游戏链接、涵盖哪些自然灾害等基本信息。

严肃游戏 1:
严肃游戏 2:

严肃游戏 3：

请对这几个游戏进行简要测评，选择你最喜欢的严肃游戏，并给出 3 个理由。

我最喜欢的严肃游戏是：
3 个理由是：

（二）以严肃游戏防止灾害（Stop Disaster！）为例

请完成两个不同自然灾害的严肃游戏，每个严肃游戏需要完成易、中、难三个不同难度。请把每种自然灾害不同难度级别的资料、目标与游戏结果附上。

灾害 1

灾害 1：
简单水平的简介：

简单水平的目标：
简单水平的结果(可以截图)：
灾害 1：
中等水平的简介：
中等水平的目标：

中等水平的结果(可以截图)：
灾害1：
高难度水平的简介：
高难度水平的目标：
高难度水平的结果(可以截图)：

灾害 2

灾害 2：
简单水平的简介：
简单水平的目标：
简单水平的结果(可以截图)：
灾害 2：
中等水平的简介：

中等水平的目标：
中等水平的结果(可以截图)：
灾害 2：
高难度水平的简介：
高难度水平的目标：

高难度水平的结果(可以截图):

请描述针对灾害 1 的中等难度,你采取的主要防御策略措施是什么?效果如何?原因是什么?

你采取的主要防御策略措施是什么?
实施的效果如何?
请分析原因。

请描述针对灾害 2 的中等难度，你采取的主要防御战略措施是什么？效果如何？原因是什么？

你采取的主要防御战略措施是什么？
实施的效果如何？
原因是什么？

完成游戏后，你的对灾害和危害的理解是什么？

危害(Hazard)：

灾害(Disaster):

五、个人总结与思考

完成实验后,请撰写总结报告,总结自己在实验过程中的表现及学到的知识和技能,并提出改进意见。(实验总结报告可单独打印)

六、指导教师评价

<table>
<tr><td colspan="3">（一）过程评价</td></tr>
<tr><td>评价指标(100%,满分 60)</td><td>得分</td><td>总分</td></tr>
<tr><td>实验准备和出勤(20 分):评估学生在实验前的准备工作,包括熟悉实验目的、方法和操作步骤,了解所需的实验设备和材料,具备必要的基础理论知识和操作技能等,按时全程参与实验</td><td></td><td rowspan="3"></td></tr>
<tr><td>实验操作(20 分):评估学生在实验过程中的操作能力,包括正确设置和调整实验参数,准确、规范地完成操作步骤,灵活应对实验中可能出现的问题和困难等</td><td></td></tr>
<tr><td>实验分析(20 分):评估学生对实验数据的处理和结果分析的能力,包括正确、完整地记录和整理实验数据,合理进行数据分析,准确、有逻辑地解读实验结果,能够进行总结并给出解决办法</td><td></td></tr>
</table>

<table>
<tr><td colspan="4">（二）结果评价(100%,满分 40)</td></tr>
<tr><td colspan="2">评价指标</td><td>得分</td><td>总分</td></tr>
<tr><td rowspan="4">灾害 1
中等
水平
(20 分)</td><td>总损失值(越低越好)</td><td rowspan="4"></td><td rowspan="8"></td></tr>
<tr><td>使命目标(是否完成)</td></tr>
<tr><td>奖励(越多越好)</td></tr>
<tr><td>最终得分(越高越好)</td></tr>
<tr><td rowspan="4">灾害 2
中等
水平
(20 分)</td><td>总损失值(越低越好)</td><td rowspan="4"></td></tr>
<tr><td>使命目标(是否完成)</td></tr>
<tr><td>奖励(越多越好)</td></tr>
<tr><td>最终得分(越高越好)</td></tr>
<tr><td colspan="2">最终成绩</td><td colspan="2"></td></tr>
</table>

实验2　自然灾害防治故事地图演示

（建议学时：4）

一、实验概述

本实验要求学生使用故事地图工具创建一个关于自然灾害防治的故事地图，能够用图表、照片、地图、视频等多媒体形式介绍某类自然灾害发生的原因、特点及其防治方法，并选取某个真实灾害案例进行案例分析。要求内容全面，分析有一定深度，能对公众进行科普宣传。

二、实验目标

（1）对某类自然灾害有深入的理解，能够完整地描述其成因、特点及防治方法。

（2）能够熟练应用故事地图工具。

（3）了解GIS在灾害管理方面的应用。

三、实验前置知识点

（一）地理信息系统（GIS）

地理信息系统（GIS）是一种用于收集、管理、分析和可视化地理空间数据的技术。GIS结合了地图学、计算机科学、数据分析等领域的知识，通过地理数据（如地图、卫星影像等）帮助用户理解空间关系，发现地理规律。GIS能够处理多种数据源，并提供丰富的地理和数据分析功能，比如图层叠加、空间分析和预测建模等。

（二）故事地图（StoryMaps）

故事地图是一种视觉叙事工具，它将地图与图片、视频和文本等多媒体内容结合起来，以传达故事。故事地图通常用于说明地理信息，通过在故事背景中构建复杂的空间数据，使复杂的空间数据更易于访问和吸引人。故事地图在环境科学、城市规划和历史等领域很受欢迎并起着关键作用。例如，故事地图可用于说明景观随时间的变化、历史事件的路径或气候变化对特定区域的影响。GIS平台通常提供专门用于创建故事地图的工具，允许用户将交互式地图与自身的叙述相结合。

四、实验步骤与内容

（一）ArcGIS online账号注册

学生在StoryMaps页面点击Sign in to ArcGIS StoryMaps，使用ArcGIS online账号登录。如果没有ArcGIS online账号，请先注册。

（二）准备数据与案例

（1）从表格中选取要讲述的自然灾害类型（大类）。

(a) 地震灾害	(b) 地质灾害	(c) 水旱灾害
(d) 气象灾害	(e) 海洋灾害	(f) 森林草原火灾
(g) 生物灾害	(h) 其他	

如果选择的是(b)～(g)，请写出具体的自然灾害类型。

（2）简要描述想要讲述的该类灾害的真实案例：

（3）所选择的故事地图里包含哪些要素？

类型 （Element type）	数量 （Quantity）	是否自己制作 （Originality）
1. 静态地图		
2. 动态地图		
3. 图形		
4. 表格		
5. 图片		
6. 视频		
7. 其他＿＿＿＿＿＿		

（4）故事地图的网页链接是什么？

（三）列出你在实验过程中遇到的三个困难及其解决方案

序号	困难	解决方案
1		
2		
3		

(四) 列出 GIS 在自然灾害领域的 4 个应用

序号	应用
1	
2	
3	
4	

五、个人总结与思考

完成实验后，请撰写总结报告，总结自己在实验过程中的表现及学到的知识和技能，并提出改进意见。（实验总结报告可单独打印）

六、指导教师评价

（一）过程评价		
评价指标（100%，满分 60）	得分	总分
实验准备和出勤（20 分）：评估学生在实验前的准备工作，包括熟悉实验目的、方法和操作步骤，了解所需的实验设备和材料，具备必要的基础理论知识和操作技能等，按时全程参与实验		
实验操作（20 分）：评估学生在实验过程中的操作能力，包括正确设置和调整实验参数，准确、规范地完成操作步骤，灵活应对实验中可能出现的问题和困难等		
实验分析（20 分）：评估学生对实验数据的处理和结果分析的能力，包括正确、完整地记录和整理实验数据，合理进行数据分析，准确、有逻辑地解读实验结果，能够进行总结并给出解决办法		
（二）结果评价（100%，满分 40）		
评价指标	得分	总分
任务完成度（20 分）：需要完成对一类自然灾害的描述、完成某一个灾害案例的描述		
内容丰富度（20 分）：静态地图、动态地图、图形、表格、图片、视频每个要素不少于 1 个		
最终成绩		

7　应急预案与演练

姓名：_______________　学号：_______________

专业：_______________　班级：_______________

组序：_______________　学期：_______________

实验1　应急预案编制实验

（建议学时：4）

一、实验概述

本实验科学规范地设计了各类应急预案编制的过程、内容和方法，并通过卡牌推演对应急预案进行评估，使学生系统掌握应急预案编制的技能。

二、实验目标

（1）通过实验操作促使学生掌握应急预案编制的流程、内容与方法。

（2）通过小组研讨培养学生对应急预案编制的系统规划和复盘总结的能力。

（3）通过团队合作加深学生对应急预案体系的理解，培养学生系统思考的能力。

三、实验前置知识点

（一）应急预案

应急预案是指各级人民政府及其部门、基层组织、企事业单位和社会组织等为依法、迅速、科学、有序地应对突发事件，最大限度减少突发事件及其造成的损害而预先制定的方案。

（二）应急预案管理

应急预案管理遵循统一规划、综合协调、分类指导、分级负责、动态管理的原则。

（三）应急预案管理的主体

国务院统一领导全国应急预案体系建设和管理工作，县级以上地方人民政府负责领导本行政区域内应急预案体系建设和管理工作。

突发事件应对有关部门在各自职责范围内，负责本部门（行业、领域）应急预案管理工作；县级以上人民政府应急管理部门负责指导应急预案管理工作，综合协调应急预案衔接工作。

（四）应急预案的分类

按照制定主体划分，应急预案分为政府及其部门应急预案、单位和基层组织应急预案两大类。

政府及其部门应急预案包括总体应急预案、专项应急预案、部门应急预案等。

单位和基层组织应急预案包括企事业单位、村民委员会、居民委员会、社会组织等编制的应急预案。

四、实验步骤与内容

（一）应急预案编制的程序

简述应急预案编制程序。

（二）应急预案编制的前期准备工作

编制应急预案前的准备工作有哪些？
上述准备工作之间的关联是什么？

（三）应急预案编制实操

1. 应急组织体系

简述所编制的应急预案中的应急组织体系。
编制应急组织体系时遇到了哪些困难？
解决措施是什么？

2. 报告与预警

简述所编制的报告与预警机制的内容。
在编制报告与预警机制时遇到了哪些困难?
解决措施是什么?

3. 应急处置

所编制的应急处置内容是什么？
在编制应急处置时遇到了哪些困难？
解决措施是什么？

4. 应急保障

编制的应急保障内容是什么？
在编制应急保障时遇到了哪些困难？
解决措施是什么？

5. 预案附件

编制的预案附件有哪些？
在编制预案附件时遇到了哪些困难？
解决措施是什么？

五、个人总结与思考

完成实验后，请撰写总结报告，总结自己在实验过程中的表现及学到的知识和技能，并提出改进意见。（实验总结报告可单独打印）

六、指导教师评价

（一）过程评价（50%，满分 100）		
评价指标	得分	总分
实验准备和出勤（20 分）：评估学生在实验前的准备工作，包括熟悉实验目的、方法和操作步骤，了解所需的实验设备和材料，具备必要的基础理论知识和操作技能等，按时全程参与实验		
实验操作（20 分）：评估学生在实验过程中的操作能力，包括正确设置和调整实验参数，准确、规范地完成操作步骤，灵活应对实验中可能出现的问题和困难等		
实验分析（20 分）：评估学生对实验数据的处理和结果分析的能力，包括正确、完整地记录和整理实验数据，合理进行数据分析，准确、有逻辑地解读实验结果，能够进行总结并给出解决办法		
总结报告的撰写（40 分）：评估学生撰写总结报告的能力，包括格式规范，内容完整，条理清晰，实验数据记录正确、充分、完整，分析详细透彻，心得体会深刻，有创意，论述合理详细，有自己的见解等		
（二）结果评价（50%，满分 100）		
评价指标	得分	总分
应急预案的完整性（25 分）		
应急预案的规范性（25 分）		
应急预案内容的可操作性（50 分）		
最终成绩		

实验 2　多场景的应急演练组织与评估虚拟仿真实验

（建议学时：4）

一、实验概述

本实验设计了一场综合性实战应急演练，包括规划、准备、实施、评估等流程，在场域设计上选择社区这一多元应急力量交汇场，在场景设计上融合四大类主要突发公共事件。

二、实验目标

（1）通过实验操作促使学生掌握应急演练的流程与内容。

（2）通过小组研讨培养学生对应急演练的系统规划和复盘总结能力。

（3）通过团队合作加深学生对应急演练各主体之间的协同关系的理解，培养学生的沟通交流与协作能力。

三、实验前置知识点

（一）应急演练的定义

应急演练是指各级人民政府及其部门、企事业单位、社会团体等（以下统称演练组织单位）组织相关单位及人员，依据应急预案，模拟应对突发事件的活动。

（二）应急演练的目的

检验预案、完善准备、锻炼队伍、磨合机制、科普宣教。

（三）应急演练的原则

（1）结合实际、合理定位。

（2）着眼实战、讲求实效。

（3）精心组织、确保安全。

（4）统筹规划、厉行节约。

（四）应急演练的分类

（1）按组织形式划分，应急演练可分为桌面演练和实战演练。

(2) 按内容划分，应急演练可分为单项演练和综合演练。

(3) 按目的与作用划分，应急演练可分为检验性演练、示范性演练和研究性演练。

不同类型的演练相互组合，可以形成单项桌面演练、综合桌面演练、单项实战演练、综合实战演练、示范性单项演练、示范性综合演练等。

(五) 应急演练的规划

演练组织单位要根据实际情况，依据相关法律法规和应急预案，制定年度应急演练规划，按照“先单项后综合、先桌面后实战、循序渐进、时空有序”的原则，合理规划应急演练的频次、规模、形式、时间、地点等。

四、实验步骤与内容

(一) 案例导入

根据国家关于应急管理的重要决策部署和指示精神，为检验某市应对复合突发事件的综合指挥和应急处置能力，决定组织一场全灾种的综合实战演练。

(二) 关键事件框架体系的搭建

实验要求：根据给定的灾害风险特征信息，以暴雨为初始场景，在空白面板自主搭建整场演练的关键事件框架体系。

描述所搭建的关键事件框架体系。

所搭建的关键事件框架体系的依据是什么?
所搭建的关键事件框架体系需要优化吗?应如何优化?

(三)脚本设计

实验要求:设计整场演练的脚本,并完善每个事件链的具体内容。

在脚本设计过程中,遇到了哪些困难?

上述困难是如何解决的?

(四) 社区隐患排查演练

实验要求:通过社区隐患排查演练模拟,总结演练过程中需要改进的地方。

在社区隐患排查演练中,需要改进的地方有哪些?
应如何改进?

（五）工地坍塌救援演练

实验要求：通过工地坍塌救援演练模拟，总结演练过程中需要改进的地方。

在工地坍塌救援演练中，需要改进的地方有哪些？
应如何改进？

（六）小区居民疏散演练

实验要求：通过小区居民疏散演练模拟，总结演练过程中需要改进的地方。

在小区居民疏散演练中，需要改进的地方有哪些？

应如何改进?

(七)安置点消杀演练

实验要求:通过安置点消杀演练模拟,总结演练过程中需要改进的地方。

在安置点消杀演练中,需要改进的地方有哪些?
应如何改进?

（八）新闻发布会演练

实验要求：通过新闻发布会演练模拟，总结演练过程中需要改进的地方。

在新闻发布会演练中，需要改进的地方有哪些？
应如何改进？

（九）应急演练评估

实验要求：根据应急演练目标，选择演练评估指标、构建指标体系，选择合理的方法进行评估，得出评估结果，撰写评估报告。

描述所构建的应急演练评估指标体系。

所构建的应急演练评估指标体系可优化的地方有哪些?

五、个人总结与思考

完成实验后,请撰写总结报告,总结自己在实验过程中的表现及学到的知识和技能,并提出改进意见。(实验总结报告可单独打印)

六、指导教师评价

(一) 过程评价(50%,满分 100)		
评价指标	得分	总分
实验准备和出勤(20 分):评估学生在实验前的准备工作,包括熟悉实验目的、方法和操作步骤,了解所需的实验设备和材料,具备必要的基础理论知识和操作技能等,按时全程参与实验		
实验操作(20 分):评估学生在实验过程中的操作能力,包括正确设置和调整实验参数,准确、规范地完成操作步骤,灵活应对实验中可能出现的问题和困难等		
实验分析(20 分):评估学生对实验数据的处理和结果分析的能力,包括正确、完整地记录和整理实验数据,合理进行数据分析,准确、有逻辑地解读实验结果,能够进行总结并给出解决办法		
总结报告的撰写(40 分):评估学生撰写总结报告的能力,包括格式规范,内容完整,条理清晰,实验数据记录正确、充分、完整,分析详细透彻,心得体会深刻,有创意,论述合理详细,有自己的见解等		
(二) 结果评价(50%,满分 100)		
评价指标	得分	总分
脚本设计的科学性(20 分)		
隐患排查的准确率(20 分)		
坍塌救援的效率和正确率(20 分)		
疏散的效率和准确率(20 分)		
消杀的正确率(10 分)		
新闻发布会的正确率(10 分)		
最终成绩		

实训3　桌面演练

（建议学时：4）

一、实训概述

本实训以应急预案和应急演练的相关理论知识为基础，在完成应急预案的前提下，依据应急预案的内容，在非正式、无压力的环境下，使用桌面演练软件，或者自行设计方案，对某一突发事件的应对过程进行无脚本演练。实训中，学生基于事故情景说明，讨论紧急事态中可能出现的问题以及根据应急预案应该采取的应对程序。该实训一方面可以使学生熟悉应急预案基础上所形成的应急管理系统，认识自己的作用和扮演的角色，掌握自己的工作程序，明确自己的责任；另一方面可以就现有行动预案中的问题进行建设性讨论，分析和确定应急预案需要改进的地方。

对实验结果的评估分为两种情况：一是在使用桌面演练软件系统的情况下，由系统评分、教师评估和学生自评三部分构成；二是在自行设计演练方案的情况下，由评估小组评估、教师评估和学生自评三部分组成。

二、实训目标

（1）通过演练过程，加深学生对应急预案、应急演练相关理论知识的理解与掌握。

（2）通过实践操作，提高学生应急演练脚本和方案的设计写作能力。

（3）通过小组合作，培养学生的沟通交流与协作能力。

三、实训前置知识点

（一）桌面演练的定义

桌面演练是指参演人员利用地图、沙盘、流程图、计算机模拟、视频会议等辅助手段，依据应急预案对事先假定的演练情景进行交互式讨论和推演应急决策及现场处置的过程。桌面演练可以促进相关人员掌握应急预案中所规定的职责和程序，提高指挥决策和协同配合能力。

（二）桌面演练的功能

（1）分析和确认突发事件发生的情景及带来的一系列问题。一场洪水到来了，事前有没有预警？受淹地区的居民疏散撤离是否及时？多少人需要救援？是否包含学校、敬老院等脆弱单位？洪水淹没的地区是否存储有危险化学品？灾民是否需要安置？等等。

（2）确认和熟悉应该采取的应对行动、程序、措施。对照应急预案，讨论怎样做到全覆盖、无缝隙的预警？疏散撤离的安排是否完善？救援队伍与设备设施怎样？交通运输和应急通信保障怎样？

（3）对负有突发事件应对责任的队伍、部门、个人职责的熟悉与确认。每个部门（单位），在哪个环节上承担什么责任？具体任务的内容、方式、时间、地点、过程如何？履行职责的保障条件是否具备？

（4）对参与应急处置的各个部门和组织的指挥、协调的程序和方式的确认。

（三）桌面演练的形式与要求

桌面演练通常在室内以讨论会的形式举行。

桌面演练要安排1名主持人（有时安排2名主持人分别承担不同责任），选择1～2名评估人员，来观察记录演练进程，并促使演练目标的实现。

桌面演练的参加者包括：突发事件应对处置的主要负责人，应急管理机构的负责人和主要工作人员，承担应急管理职责的部门和组织的负责人，重要部门和机构的负责人，应急管理专家，演练设计人员。同时，提倡应急管理部门或相关组织的人员、居民和学生代表旁听。

桌面演练的成功与否可以通过演练参加者的反馈信息来检验，反馈信息将最终影响应急演练政策、方针及程序的评估与修订。

四、实验步骤与内容

（一）案例引入

×市遭遇极端异常天气，全市大部分地区受短时集中特大暴雨袭击，并伴有雷电、大风等强对流天气，多条河流相继形成洪水，多个水文站点超警戒甚至超历史最高值。

实训要求：根据给定的案例背景信息，成立各演练小组，做好桌面演练准备。

成立的演练小组有哪些？
所在小组及任务分别是什么？

（二）情景1：普降暴雨

随着降雨的持续增大，×市48小时内降雨量达100毫米以上且降雨可能持续，导致发生洪水，河堤防险情加剧，同时引发山洪、泥石流、滑坡险情，河道形成堰塞湖，水位快速上涨，导致部分房屋、道路被冲毁，人员被困，形成“孤岛”。

实训要求：基于事件信息，各小组提出具体的行动方案。

所提出的行动方案是什么？
采取相应行动的理由是什么？

行动可能存在的问题有哪些?

(三)情景2:立交桥涵洞有人员被困

由于×市城市排水系统满负荷运转,降雨持续路面积水增多,大量涝水涌入某立交桥涵洞,积水较深,导致正在涵洞中行驶的私家车被困。被困车辆无法开启车门,有人员被困车内,情况十分紧急。

实训要求:基于事件信息,各小组提出具体的行动方案。

所提出的行动方案是什么?
所采取相应行动的理由是什么?

行动可能存在的问题是什么？

（四）情景3:地铁突发险情

降雨强度持续加大,远超×市主城区排涝能力,发生严重城市内涝,大量雨水涌入某地铁车站,列车紧急制动,乘客被困,且有乘客突发疾病,情况危急。

实训要求:基于事件信息,各小组提出具体的行动方案。

所提出的行动方案是什么？
所采取相应行动的理由是什么？

行动可能存在的问题有哪些?

(五)情景4:暴雨停止,开启善后工作

暴雨停止,且未来24小时内无明显降雨。城市隐患各受灾点均已得到稳定控制。

实训要求:基于事件信息,各小组提出具体的善后工作行动方案。

所提出的行动方案是什么?
所采取相应行动的理由是什么?

行动可能存在的问题有哪些?

五、个人总结与思考

完成实训后,请撰写总结报告,总结自己在实训过程中的表现及学到的知识和技能,并提出改进意见。(实训总结报告可单独打印)

六、指导教师评价

(一) 过程评价(50%,满分 100)		
评价指标	得分	总分
实训准备和出勤(20 分):评估学生在实训前的准备工作,包括熟悉实训目的、方法和操作步骤,了解所需的实训设备和材料,具备必要的基础理论知识和操作技能等,按时全程参与实训		
实训操作(20 分):评估学生在实训过程中的操作能力,包括正确设置和调整实验参数,准确、规范地完成操作步骤,灵活应对实训中可能出现的问题和困难等		
实训分析(20 分):评估学生对实训数据的处理和结果分析的能力,包括正确、完整地记录和整理实训数据,合理进行数据分析,准确、有逻辑地解读实训结果,能够进行总结并给出解决办法		
总结报告的撰写(40 分):评估学生撰写总结报告的能力,包括格式规范,内容完整,条理清晰,实验数据记录正确、充分、完整,分析详细透彻,心得体会深刻,有创意,论述合理详细,有自己的见解等		
(二) 结果评价(50%,满分 100)		
评价指标	得分	总分
能够明确小组职能,准确识别风险(30 分)		
采取的行动符合应急预案要求,能够有效应对突发事件(40 分)		
能够与其他小组密切沟通协作(30 分)		
最终成绩		

实训4　综合实战演练

（建议学时：4）

一、实训概述

本实训要求学生在学习应急预案和应急演练相关理论知识的基础上，自行设计并联合相关部门举行针对某一类突发事件的应急综合实战演练。学生根据演练设计分为不同的职能小组，相互协作，完成包括演练规划、演练设计、演练准备、演练实施、演练评估在内的全部过程。通过本次实训，使学生熟悉应急实战演练的基本流程和环节，了解设计、组织应急实战演练的注意事项。实训结束后，指导教师对学生的演练表现进行评价，学生亦需要通过回顾总结，对实训设计、实训过程和个人表现进行评价。

二、实训目标

（1）通过实战演练，加深学生对应急预案和应急演练相关理论知识的理解与掌握。

（2）通过实战演练，提高学生设计、组织、实施应急演练的能力。

（3）通过小组合作，培养学生的沟通交流与协作能力。

三、实训前置知识点

（一）综合实战演练的定义

综合实战演练是针对应急预案中全部或大部分应急功能，动员现场应急人员、动用应急资源，并将其部署到实施行动的突发事件现场，全面检验、评估应急救援系统整体应急处置能力的演练活动。实战演练的特点是真实性和综合性。

（二）综合实战演练的目标

综合实战演练的目标是检查演练效果，评定应急组织、人员准备状态和能力的指标。

（三）综合实战演练的角色构成

综合实战演练涉及一个或多个主控官、参演人员、模拟（仿真）人员、评估人员以及观摩人员。

（四）综合实战演练注意事项

综合实战演练在设计上要注意考虑以下因素：地点选择、现场管理、人力和物资、经费预算、响应能力、安全和法律问题、突发延迟等。

四、实训步骤与内容

（一）综合实战演练规划

实训要求：确立演练组织方，梳理演练需求，明确演练目的，确定演练范围，设计演练目标，制定演练规划。

描述所设计的演练规划。
在设计演练规划中遇到的困难和解决方案分别是什么？

（二）综合实战演练设计

实训要求：设计演练情景和流程，制定评估方案，编写演练手册和脚本，形成演练方案。

具体演练设计是什么？
在实战演练设计中遇到的困难和解决方案分别是什么？

（三）综合实战演练准备

实训要求：确认演练的时间场地和参演人员及分工，准备演练物资，做好安全保障工作。

演练准备工作的具体内容是什么？

在演练准备中遇到的困难和解决方案分别是什么？

（四）综合实战演练实施

实训要求：演练启动，演练实施，演练结束，演练后即时初步反馈（热反馈）。

综合实战演练的具体实施步骤是什么？
在演练实施中遇到的困难和解决方案分别是什么？

（五）综合实战演练评估

实训要求：根据评估方案和评估指标，记录演练数据和基本情况，汇总及分析数据，撰写评估报告，形成评估结论，提出改进方案。

描述评估方案。
描述对本次演练各环节的自我评估。
本次演练存在的主要问题和改进方向分别是什么？

五、个人总结与思考

完成实训后，请撰写总结报告，总结自己在实训过程中的表现及学到的知识和技能，并提出改进意见。（实训总结报告可单独打印）

六、指导教师评价

(一) 过程评价(50%,满分 100)		
评价指标	得分	总分
实训准备和出勤(20 分):评估学生在实训前的准备工作,包括熟悉实训目的、方法和操作步骤,了解所需的实训设备和材料,具备必要的基础理论知识和操作技能等,按时全程参与实训		
实验操作(20 分):评估学生在实训过程中的操作能力,包括正确设置和调整实验参数,准确、规范地完成操作步骤,灵活应对实训中可能出现的问题和困难等		
实验分析(20 分):评估学生对实训数据的处理和结果分析的能力,包括正确、完整地记录和整理实验数据,合理进行数据分析,准确、有逻辑地解读实验结果,能够进行总结并给出解决办法		
总结报告的撰写(40 分):评估学生撰写总结报告的能力,包括格式规范,内容完整,条理清晰,实训数据记录正确、充分、完整,分析详细透彻,心得体会深刻,有创意,论述合理详细,有自己的见解等		
(二) 结果评价(50%,满分 100)		
评价指标	得分	总分
实战演练设计能够与院校需求结合,详细且具有可操作性(25 分)		
实战演练准备全面,参演各方信息对接准确,物料准备充分(25 分)		
实战演练实施符合设计流程,完整顺畅,出现问题能够及时灵活应对(25 分)		
实战演练评估和总结系统科学,具有改进参考意义(25 分)		
最终成绩		

8 应急决策与指挥

姓名：____________ 学号：____________

专业：____________ 班级：____________

组序：____________ 学期：____________

实验1　公共安全应急决策实验

（建议学时：6）

一、实验概述

本实验以应急决策与指挥相关理论为基础，以现实突发事件为载体，运用虚拟仿真技术，让学生以角色扮演的形式完成对整个突发事件的处置和管理。虚拟仿真实验软件通过各模块的自定义为学生提供多样化的突发事件情境，学生在3D仿真情景中扮演不同的应急决策职能部门角色，在各部门的职能范围内进行任务处置或多部门协作配合进行应急决策以完成任务；与此同时，还需及时合理地进行应急救援与处置方案制定、新闻发布、恢复重建、调查报告等操作，最终系统会根据应急管理的处理原则及设定的评分指标权重，对团队的操作结果进行智能评分。学生在完成实验后，可以查看实验报告并修改预案，同时也能查看到所有小组的游戏得分及排名，通过报告和预案修改总结自己实验过程的优缺点。

二、实验目标

（1）通过解决实际问题启发并加深学生对应急决策与指挥相关理论知识的理解与掌握。

（2）通过实践操作提高学生应对危机时的应急决策与指挥能力。

（3）通过小组合作培养学生的沟通交流与协作能力。

三、实验前置知识点

（一）火灾事故的界定与概述

火灾应急预案中所指的火灾，不含军事设施、矿井地下部分、核电厂、海上石油天然气设施的火灾，森林火灾事故另有规定的也不包含在内。

在城市中，高层建筑、城中村是火灾多发的场所。高楼层建筑层数多、竖井多、线路复杂、人员密集且复杂，一些250米以上的超高层建筑因产权多导致消防安全管理存在漏洞，内部有各种纵横交错的连通空间，各种管道和竖井在火灾中极易成为火灾蔓延的途径,形成大规模立体火灾。城中村建筑存在耐火等级低、疏散楼梯数量不足、缺少防排烟设施、建筑材料防火性能不达标等突出问题,极易引发火灾。从火灾发生的原因来看,电气火灾、用火不慎、吸烟/乱扔烟头和生产作业占比较大。同时各类新业态的出现也带来了新的火灾风险。一些新业态场所由于缺乏消防安全管理标准,行业从装修设计埋下先天性隐患到日常消防安全管理缺失,消防安全堪忧。电动车、锂电池生产加工、储存场所火灾事故风险较大,极易导致连锁起火爆炸,造成重大人员伤亡和财产损失。

(二)火灾事故处置原则

火灾事故的应急处置须坚持统一领导、分级负责、救人第一、科学施救、及时反应、协同应对、预防为主、常备不懈等原则。

(三)火警等级

由火灾所引起的警情称为火警。根据灾害事故的严重程度及影响性,火警从低到高分为一至五级,一级最低,五级最高,分别用绿、蓝、黄、橙、红等五种颜色代表危险程度。

(1)一级火警(绿色):① 无人员伤亡或被困的火警;② 燃烧面积小的普通建筑火警;③ 带电设备/线路或其他类火警。

(2)二级火警(蓝色):① 有较少人员伤亡或被困的火警;② 燃烧面积大的普通建筑火警;③ 燃烧面积较小的高层建筑、地下建筑、人员密集场所、易燃易爆危险品场所、重要场所、特殊场所火警等;④ 到场后现场指挥员认为一级火警到场灭火力量不能控制的火警。

(3)三级火警(黄色):① 有少量人员伤亡或被困的火警;② 燃烧面积小的高层建筑、地下建筑、人员密集场所、易燃易爆危险品场所、重要场所、特殊场所火警等;③ 到场后现场指挥员认为二级火警到场灭火力量不能控制的火警。

(4)四级火警(橙色):① 有较多人员伤亡或被困的火警;② 燃烧面积较大的高层建筑、地下建筑、人员密集场所、易燃易爆危险品场所、重要场所、特殊场所火警等;③ 到场后现场指挥员认为三级火警到场灭火力量不能控制的火警。

(5)五级火警(红色):① 有大量人员伤亡或被困的火警;② 燃烧面积大的高层建筑、地下建筑、人员密集场所、易燃易爆危险品场所、重要场所、特殊场所火警等；③ 到场后现场指挥员认为四级火警到场灭火力量不能控制的火警。

（四）响应分级

火灾发生后，按照火警级别，遵循分级负责、属地为主、协调联动的原则进行处置应对，启动相应级别的应急响应。应急响应级别分为Ⅰ级（一级）、Ⅱ级（二级）、Ⅲ级（三级）和Ⅳ级（四级），其中Ⅰ级最高，Ⅳ级最低。

（五）应急处置职责分工

部门名称	部门职责	课程知识点
应急指挥部	1. 制定总体救援方案，设定行动目标 2. 设定其他部门可进行协助的职能 3. 协调事件决策 4. 社会动员：人力动员、财力动员、物力动员	了解重大突发事件应急社会动员机制；了解重大突发事件的国际合作机制；熟悉应急指挥部在处理灾情中的工作职能；掌握应急指挥部对于应急管理的核心地位及重要意义；掌握应急指挥部在应急决策与指挥中的基本工作流程；运用所学理论、原则与方法结合相应职能对危机进行有效处置
灾源控制组	1. 探查区域受灾详情 2. 对危险源进行控制处理 3. 突发事件决策	了解灾源控制组在应急的处置与救援过程中的重要地位；熟悉灾源控制组应对处理灾情时的工作职能；掌握灾源控制组在应急决策与处置中的基本工作流程；运用所学理论、原则与方法结合相应职能对危机进行有效处置

（续表）

部门名称	部门职责	课程知识点
救援搜查组	1. 探查区域受灾详情 2. 搜救被困群众和受伤人员 3. 突发事件决策	了解救援搜查组在应急的处置与救援过程中的重要地位；熟悉救援抢险组应对处理灾情时的工作职能；掌握救援抢险组在应急决策与处置中的基本工作流程；运用所学理论、原则与方法结合相应职能对危机进行有效处置
医疗救护组	1. 组织医疗救护队伍对受伤人员进行转移 2. 开展医疗救治工作 3. 通过卫生防疫预防疫情 4. 突发事件决策	了解医疗救护组在应急处置与救援过程中的重要地位；熟悉医疗救护组在处理灾情中的工作职能；掌握医疗救护组在应急决策与处置中的基本工作流程；运用所学理论、原则与方法结合相应职能对危机进行有效处置
警戒疏导组	1. 负责灾区治安管理和安全保卫工作 2. 对受灾群众进行人员疏散 3. 负责火灾、毒气泄漏等次生灾害的抢险救援 4. 突发事件决策	了解警戒疏导组在应急处置与救援过程中的重要地位；熟悉治安防化组在处理灾情中的工作职能；掌握治安防化组在应急决策与处置中的基本工作流程；运用所学理论、原则与方法结合相应职能对危机进行有效处置

四、实验步骤与内容

（一）案例导入

2015 年 8 月 12 日，位于天津市滨海新区天津港的瑞海公司危险品仓库运抵区最先起火，后发生两次爆炸。事故共造成 165 人遇难、8 人失踪，798 人受伤，304 幢建筑物、12 428 辆商品汽车、7 533 个集装箱受损。事故核定的直接经济损失 68.66 亿元。调查认定，天津港“8・12”瑞海公司危险品仓库火灾爆炸事故是一起特别重大生产安全责任事故。

(二)填写应急预案,并填写案例相关知识考查题目

实验要求:了解火灾发生的特殊性;掌握应急预案的必要性及重要性;掌握应急预案的基本内容;运用应急预案制定的基本原则对专项应急预案进行编制。

描述所编制的应急预案。
在编制应急预案过程中遇到了哪些困难?
上述困难是如何解决的?

（三）进行风险识别和响应

实验要求：识别案例中事发城市在安全生产方面存在的公共风险并进行风险管理；根据监测结果指导应急力量投放；根据报案信息进行研判，并依据获取的信息进行预警信息发布；在获取报案信息后进行研判，并根据应急预案启动相应级别的应急响应。

简述研判结果。
在研判过程中遇到了哪些困难？
上述困难是如何解决的？

（四）配置任务与资源

实验要求：各部门选择一支救援队伍及需要前往的区域，进行应急处置人员和装备物资的调配。

简述任务与资源的配置结果。
在配置过程中遇到了哪些困难？
上述困难是如何解决的？

（五）制定总体救援行动方案

实验要求：应急指挥部根据各部门汇报的信息制定总体救援行动方案，对其他部门进行指导。

制定的总体救援行动方案是什么？
在制定过程中遇到了哪些困难？
上述困难是如何解决的？

（六）应急疏散与安置

实验要求：根据当前获取的信息进行研判，选择不同的应对方式及流程；选择合适的区域设定为安置点，并根据不同安置点信息前往安置受灾群众；对安置点群众提供物资支持；将所获取的物资进行合理分配与发放。

简述应急疏散与安置方案。
在安置过程中遇到了哪些困难？
上述困难是如何解决的？

（七）信息收集与新闻发布

实验要求：应急指挥部及时收集救灾进展相关信息；各部门向应急指挥部汇报救灾救治情况；应急指挥部在收集完信息后以新闻发言人身份进行新闻发布。

简述新闻发布情况。
在信息收集与新闻发布过程中遇到了哪些困难？
上述困难是如何解决的？

（八）应急结束与恢复总结

实验要求：需要选择合适的部门进行环境监测；根据灾害处置情况进行决策并安排恢复重建任务；根据危机处理进展制定恢复重建方案；根据事故调查结果进行新闻发布，避免谣言散播；根据危机处置全过程及处置结果进行回顾，总结事情发展经过与原因、危机决策过程中的经验教训并制定改进措施。

对此次危机处理进行总结。
在总结过程中遇到了哪些困难？
上述困难是如何解决的？

五、个人总结与思考

完成实验后，请撰写总结报告，总结自己在实验过程中的表现及学到的知识和技能，并提出改进意见。（实验总结报告可单独打印）

六、指导教师评价

(一) 过程评价(50%,满分 100)		
评价指标	得分	总分
实验准备和出勤(20 分):评估学生在实验前的准备工作,包括熟悉实验目的、方法和操作步骤,了解所需的实验设备和材料,具备必要的基础理论知识和操作技能等,按时全程参与实验		
实验操作(20 分):评估学生在实验过程中的操作能力,包括正确设置和调整实验参数,准确、规范地完成操作步骤,灵活应对实验中可能出现的问题和困难等		
实验分析(20 分):评估学生对实验数据的处理和结果分析的能力,包括正确、完整地记录和整理实验数据,合理进行数据分析,准确、有逻辑地解读实验结果,能够进行总结并给出解决办法		
总结报告的撰写(40 分):评估学生撰写总结报告的能力,包括格式规范,内容完整,条理清晰,实验数据记录正确、充分、完整,分析详细透彻,心得体会深刻,有创意,论述合理详细,有自己的见解等		
(二) 结果评价(50%,满分 100)		
评价指标	得分	总分
任务进度(30 分)实验结束时灾害血量/灾害初始血量+事件操作总的变化(可正可负)		
伤亡人数(30 分)人员血量多少判定人员伤亡数量		
社会满意度(40 分)事件操作总的变化		
最终成绩		

实验 2　应急决策多维融合互动实验

（建议学时：6）

一、实验概述

本实验基于应急管理指挥决策的相关理论，以现实案例为实验背景，通过虚拟仿真软件让学生以角色扮演的形式沉浸式理解应急救援实际工作概貌，提高应对各类突发事件并快速有效处置的能力。实验系统会根据应急管理的处理原则及设定的评价指标权重，对团队的操作结果进行评分。

二、实验目标

（1）通过解决实际问题启发并加深学生对应急决策与指挥相关理论知识的理解与掌握。

（2）通过团队合作培养学生正确处理个体与团队关系的能力、交流合作能力，促进团队精神的形成。

（3）通过实践操作提高学生应对危机时的决策能力、应变能力、指挥能力等。

（4）通过小组比赛激励学生不断自主学习、挑战自我，增强克服困难的意志。

三、实验前置知识点

（一）暴雨洪涝灾害概述

暴雨洪涝灾害是由较大强度的降雨，导致严重城市内涝、河流洪水、山洪滑坡等多灾并发，造成重大人员伤亡和财产损失的自然灾害。

（二）应对原则

以人为本，减少损失；统一领导，分级负责；预防为主，多措并举；快速反应，协同应对。

（三）暴雨预警信号

1. 暴雨蓝色预警信号

标准：12 小时内降雨量将达 50 毫米以上，或者已达 50 毫米以上且降雨可能持续。

防御指南：① 政府及相关部门按照职责做好防暴雨准备工作；② 学校、幼儿园采取适当措施，保证学生和幼儿安全；③ 驾驶人员应当注意道路积水和交通阻塞，确保安全；④ 检查城市、农田、鱼塘排水系统，做好排涝准备。

2. 暴雨黄色预警信号

标准：6 小时内降雨量将达 50 毫米以上，或者已达 50 毫米以上且降雨可能持续。

防御指南：① 政府及相关部门按照职责做好防暴雨工作；② 交通管理部门应当根据路况在强降雨路段采取交通管制措施，在积水路段实行交通引导；③ 切断低洼地带有危险的室外电源，暂停在空旷地方的户外作业，转移危险地带人员和危房居民到安全场所避雨；④ 检查城市、农田、鱼塘排水系统，采取必要的排涝措施。

3. 暴雨橙色预警信号

标准：3 小时内降雨量将达 50 毫米以上，或者已达 50 毫米以上且降雨可能持续。

防御指南：① 政府及相关部门按照职责做好防暴雨应急工作；② 切断有危险的室外电源，暂停户外作业；③ 处于危险地带的单位应当停课、停业，采取专门措施保护已到校学生、幼儿和其他上班人员的安全；④ 做好城市、农田的排涝，注意防范可能引发的山洪、滑坡、泥石流等灾害。

4. 暴雨红色预警信号

标准：3 小时内降雨量将达 100 毫米以上，或者已达 100 毫米以上且降雨可能持续。

防御指南：① 政府及相关部门按照职责做好防暴雨应急和抢险工作；② 停止集会、停课、停业（除特殊行业外）；③ 做好山洪、滑坡、泥石流等灾害的防御和抢险工作。

（四）重点防护部位

洪涝灾害防御重点包括：水库和水利工程、河流湖泊、在建工地、危房简易建筑、低洼易涝区、地下空间、下穿式通道、地质灾害易发区等危险地带的警戒和人员疏散、转移安置、设施保护。

地下空间防御重点包括：地铁、地下交通场站、地下道路、地下综合管廊、地下商业中心、地下车库等易受淹地区。

（五）组别职能

组别	职能
风险管理	根据观测得到的灾害发生可能性前兆，结合以往总结的规律和经验，相关部门发出紧急信号，报告危险情况
监测预警	监测各种信息，实时传输到后方处理中心，为应急避险提供参考
预警信息管理	预警信息的收集、处理、辨伪、存储、推断等过程
信息处理	对接收到的信息进行处理
巡查排险	对重点区域进行巡逻查看，发现潜在危险问题及时排查解决
巡查保通	在受影响区域内进行巡查，保障道路交通通畅
应急响应	针对突发公共事件设立应急方案，通过应急方案使损失减到最小
应急救援	针对突发、具有破坏力的紧急事件采取救援恢复行动
医疗救治	事故发生时有效救治伤病员，最大限度减少因伤致死的情况
卫生防疫	对受灾区及时开展消杀，防止因灾造成疫病流行
群众转移	协助、引导受灾群众转移至安全地带。设置应急避难场所、制定转移方案
群众安置	负责安置区群众的后勤保障。安置点物资配备、群众心理疏导
信息收集	收集其他部门发送的灾情相关信息
信息发布	在公共平台上发布灾情相关信息。发布通知、召开新闻发布会

四、实验步骤与内容

(一) 案例导入

2021年7月17日至23日，河南省遭遇历史罕见特大暴雨，发生严重洪涝灾害，7月20日郑州市遭受重大人员伤亡和财产损失。郑州市的汛情主要有以下特点：一是暴雨过程长、范围广、总量大，短历时、降雨极强。二是主要河流洪水大幅超历史，堤防水库险情多发重发。三是城区降雨远超排涝能力，居民小区公共设施受淹严重。四是山丘区洪水峰高流急涨势迅猛，造成大量人员伤亡。调查认定，河南郑州"7·20"特大暴雨灾害是一场因极端暴雨导致严重城市内涝、河流洪水、山洪滑坡等多灾并发，造成重大人员伤亡和财产损失的特别重大自然灾害；郑州市委市政府及有关区县(市)、部门和单位风险意识不强，对这场特大灾害认识准备不足、防范组织不力、应急处置不当，存在失职渎职行为。总体是"天灾"，具体有"人祸"。

(二) 单人模式实验

1. 编制预案

实验要求：掌握应急预案的必要性及重要性；掌握应急预案的基本内容；运用应急预案制定的基本原则对专项应急预案进行编制。

描述所编制的预案。

在编制预案过程中遇到了哪些困难?
上述困难是如何解决的?

2. 单人模式实验结果复盘

实验要求:通过单人模式完成实验后,可根据平台由学生操作得出的实验结果来总结实验过程中的表现,深刻理解和体验应急决策与指挥实务。

分析实验结果。

实验过程中导致失误的原因有哪些?
接下来的解决措施是什么?

(三)团队模式

1. 第一轮团队模式实验

实验要求:通过团队模式完成实验后,可根据平台由学生操作得出的实验结果来总结自己以及团队在实验过程中的表现,深刻理解和体验应急决策与指挥实务。

比较单人模式和团队模式的实验结果,请分析其中的差异和共同点。

团队模式实验中导致失误的原因有哪些？
接下来的解决措施是什么？

2. 第二轮团队模式实验

实验要求：各部门选择一支救援队伍及需要前往的区域，进行先期应急处置人员调配。

比较分析第二轮团队模式的实验结果。

第一轮团队模式实验中总结的解决措施是否有效？
第二轮团队模式实验中导致失误的原因有哪些？
接下来的解决措施是什么？

五、个人总结与思考

完成实验后，撰写总结报告，总结自己在实验过程中的表现及学到的知识和技能，并提出改进意见。（实验总结报告可单独打印）

六、指导教师评价

(一) 过程评价(50%,满分 100)		
评价指标	得分	总分
实验准备和出勤(20 分):评估学生在实验前的准备工作,包括熟悉实验目的、方法和操作步骤,了解所需的实验设备和材料,具备必要的基础理论知识和操作技能等,按时全程参与实验		
实验操作(20 分):评估学生在实验过程中的操作能力,包括正确设置和调整实验参数,准确、规范地完成操作步骤,灵活应对实验中可能出现的问题和困难等		
实验分析(20 分):评估学生对实验数据的处理和结果分析的能力,包括正确、完整地记录和整理实验数据,合理进行数据分析,准确、有逻辑地解读实验结果,能够进行总结并给出解决办法		
总结报告的撰写(40 分):评估学生撰写总结报告的能力,包括格式规范,内容完整,条理清晰,实验数据记录正确、充分、完整,分析详细透彻,心得体会深刻,有创意,论述合理详细,有自己的见解等		
(二) 结果评价(50%,满分 100)		
评价指标	得分	总分
绝对指标(50 分):隐患监测准确率、预警通知率、信息共享率、信息收集率、灾情上报准确率、应急响应准确率、风险评估准确率、人员救援率、安置点使用率、灾民转移率、排查成功率、信息发布成功率、任务完成率		
相对指标(50 分):任务响应效率、物资及时响应率、信息收集效率、预警发布效率、队伍及时响应率、信息公开及时率、应急响应及时率、预警解除效率、风险监测发生比		
最终成绩		

实践3 应急指挥中心实践教学

（建议学时：4）

一、实践概述

本实践通过学生参观应急指挥中心并与指挥中心工作人员进行交流学习，让学生直观感知应急指挥中心的物理布局和设施系统，加深对应急指挥中心职责和功能发挥的理解。通过在实践过程中边看边学边思考，提高学生对智慧应急系统的认知和感悟。

二、实践目标

（1）让学生直观感知应急指挥中心的物理布局和设施系统。

（2）让学生加深对应急指挥中心的功能与体系的理解。

（3）通过实践操作提高学生对应急指挥系统的认知和感悟。

三、实践前置知识点

（一）应急指挥中心的主要职责

（1）承担应急值守和突发应急信息收集、核实、上报及初期应急处置等工作，拟订事故灾难和自然灾害分级应对制度，发布预警和灾情信息。

（2）协助做好应急预案体系建设，负责各类应急预案衔接协调，组织开展应急预案演练。

（3）承担本级政府应对重大灾害指挥部的现场协调保障工作。

（4）协助对接解放军和武警部队以及有关部门、单位、社会组织参与应急救援工作。

（5）承担各类灾害事故等突发事件处置中的通信保障工作。

（6）组织协调重要应急物资的储备、调拨和紧急配送。

（7）协助建立应急管理监测预警指挥体系。

（8）承担三防（防风、防汛、防旱）、森防、危险化学品监管以及城市生命线运行等领域安全的监测分析工作。

(9) 负责城市安全数据资源的收集、管理和运用。

(10) 完成本级应急管理局交办的其他任务。

(二) 应急指挥场所

应急指挥场所是指用以实现应急值守、应急指挥、协同办公和放置相关设备等功能的物理区域,包括应急指挥区、协同办公区(公安、城管、消防等)、视频会议区、值班区、设备机房(间)及其附属用房。

(三) 基础设施

保障应急指挥中心正常运转的应急指挥场所区域和各类基础设备,一般包括照明设备、扩音设备环境、防雷与接地、空调与新风设备、安防与环境监控设备、备用电源、消防设备、综合布线、拾音及扩音设备、视频采集设备、视频显示设备、图像控制设备、视频会议设备、集中控制与录播设备等。

(四) 支撑系统

运用音视频、地理信息技术、网络和通信技术等手段,为日常应急管理和突发事件处置提供保障的系统,一般由视频会议系统、通信融合系统、视频融合系统和融合指挥系统组成。

四、实践内容与步骤

请在实践学习过程中,将所获得的知识填入下列表格。

应急指挥中心的相关问题	所获得的知识
应急指挥中心平时功能	
应急指挥中心战时(突发事件发生时)功能	
应急指挥中心的内设机构	
应急指挥中心的运作模式	

（续表）

应急指挥中心的相关问题	所获得的知识
应急指挥中心的区域分布	
________区的概况	
________区的概况	
________区的概况	
________区的概况	
应急指挥中心信息的采集	
应急指挥中心会商的实现	
应急指挥中心通信保障	
应急指挥中心数据资源的管理和使用	

（续表）

应急指挥中心的相关问题	所获得的知识
应急指挥中心有效的指挥调度	
未来的发展规划	

五、个人总结与思考

结束实践后，撰写总结报告，总结自己在实践过程中的表现及学到的知识和技能，并提出改进意见。（实践总结报告可单独打印）

六、指导教师评价

（一）过程评价（100%，满分 70）		
评价指标	得分	总分
实践准备与出勤（20 分）：评估学生在实践前的准备工作，包括熟悉实践目的、方法和操作步骤，了解实践所需的前置知识点，具备必要的实践安全知识和操作技能，按时全程参与实践等		
实践操作（20 分）：评估学生在实践过程中的参与能力，包括积极参与实践教学的互动环节，规范完成实践步骤，灵活应对实践中可能出现的问题和困难等		
实践表格填写（30 分）：评估学生对实践数据的收集与总结能力，包括正确、完整地记录和整理实践数据，准确、有逻辑地解读实践结果等		
（二）结果评价（100%，满分 30）		
评价指标	得分	总分
总结报告的撰写（30 分）：评估学生撰写总结报告的能力，包括格式规范，内容完整，条理清晰，实践数据记录正确、充分、完整，分析详细透彻，心得体会深刻，有创意，论述合理详细，有自己的见解等		
最终成绩		

9 危机沟通与舆情治理

姓名：____________ 学号：____________

专业：____________ 班级：____________

组序：____________ 学期：____________

实验1　模拟邻避危机沟通

（建议学时：4）

一、实验概述

本实验旨在基于邻避危机事件场景，探索多元协商式危机沟通路径和塑造良性政民关系的策略。邻避危机事件反映了多主体因立场差异所带来的利益、知识、话语等方面的冲突，涉及角色主要有政府工作人员、专家、涉事单位、地方居民等多个利益群体。实验以听证会形式围绕“邻避项目何去何从”这一问题展开充分沟通。

在设置事件情景的时候，学生需要结合邻避事件情景，依据自己的身份和职业定位全方位收集相关资料，综合运用所学理论，精心地组织语言，最终形成符合特定角色的剧本。加深学生对所学基本课程逻辑和实验方法的理解，获得与社会科学研究方法相关的基本理论和实验技术。通过模拟邻避危机沟通，可以训练学生的批判性思维，提升学生在多利益主体冲突情况下作出合理判断的能力。同时，模拟邻避危机沟通的整个过程考验着团队合作能力，团队意识可以得到强化。这些非专业能力和综合素质的提升，可以为学生未来走向工作岗位、尽快融入团队奠定良好的基础。

二、实验目标

（1）通过课前准备了解邻避危机事件的概念、类型及形成原因，掌握不同利益主体的观点、态度和可能行为，熟悉听证会流程和具体内容。

（2）通过实际参与具体邻避事件的危机沟通，锻炼学生的表达能力、表现能力和随机应变能力。

（3）通过团队合作培养团队成员主动沟通的意识，体会团队成员之间加强合作的重要性。

三、实验前置知识点

（一）邻避危机的概述

邻避危机是指当地居民因担心建设对健康、环境具有一定负面影响的设施(如垃圾焚烧处理厂、发电站、化工厂、信号塔等)而产生“不要建在我家后院”的心理,并采取强烈的、高度情绪化的集体反对,甚至抗争行为。该现象的成因主要有以下四种。① 负外部性。邻避设施负外部性导致其成本集中在少数居民身上,而收益却为区域内多数居民所享有,这种不公平的分配引发了居民的强烈反对。② 信息不对称。利益相关人往往缺乏对邻避设施的充分了解,容易接收一些不准确或错误的信息,从而夸大负面影响。③ 政府公信力。政府的环境补偿方案不公,导致居民对政府的不信任,采取过度的自我保护措施。④ 危机沟通不顺畅。邻避设施建设的决策过程不够透明,导致选址区居民强烈质疑该决策的公正性。

(二) 邻避危机沟通的人员构成

(1) 政府工作人员:组织协调邻避冲突各主体参与听证会,展开协商并形成共识,确保听证会顺利有序进行。

(2) 项目建设方代表:参与听证会,陈述项目的安全性以及给地方带来的效益。

(3) 附近居民:参与听证会,陈述观点、理由和依据。

(4) 专家:参与听证会,从科学知识角度给出邻避项目的安全性评估。

(5) 媒体:参与听证会,对政府、专家、企业开展提问,引导舆论。

(6) 其他听证参加人:如有需要,可以发表意见。

(三) 危机沟通的原则

一是坚持公共价值与公共利益的立场;二是坚持“以公众为中心”的沟通理念;三是贯彻公开透明的基本原则。

(四) 危机沟通的步骤

1. 危机沟通的准备

设置邻避事件场景,介绍建设项目内容及对城市发展带来的效益。确定好听证主持人、听证方式以及举行听证的时间和地点,行政机关应当在听证举行 7 日前,通知当事人举行听证的时间、地点、听证人员名单等事项。旁听人员的确定,应参照人民法院旁听的办法,按到会场的先后顺序确定。此外,听证机构应当保证媒体参加听证会,并进行报道。

2. 危机沟通的开展

(1) 宣布听证会纪律。

(2) 听证主持人(政府人员)宣布听证会开始,核对项目建设方、居民代表等是否到场,询问当事人是否要求回避。

(3) 居民代表提出项目建设带来危害的事实、证据以及建议。

(4) 项目建设方申辩,并提交证据。

(5) 听证主持人询问相关利益主体。

(6) 居民代表、专家与项目建设方之间展开辩论。

(7) 项目建设方和居民代表作最后陈述,表达最终意见。

(8) 听证主持人宣布听证会结束。

3. 听证会的结果

听证结束后,听证笔录应当交当事人审核无误后签字或盖章。听证主持人应当在听证结束后将听证情况和听证意见向行政机关负责人汇报,由行政机关负责人作出决定。

四、实验步骤与内容

(一) 课前引导

实验要求:上课前一周发布模拟听证会的实验任务,依据邻避危机沟通涉及的主体角色差异,分为五个大组进行模拟听证会,请学生设定模拟听证会流程,根据具体实验任务做好团队分工。提前提供 3～5 个经典邻避危机相关视频资料和一份听证会预习材料,并设置 3～5 个课前思考问题,讲解邻避危机的概念内涵、基本特征及形成原因,引导学生根据角色进行模拟听证会准备。同时,注意强调实验过程中的纪律要求、实验考核要求和实验评分细则。

(二) 小组分工与准备展示

实验要求:各小组分别陈述模拟听证会的准备过程,包括如何进行整体协调和组内分工,如何确定本次听证会的主题,以何种方式收集本次听证会主题相关政策、案例等资料;表明本组每个人的身份和职业定位,阐述本组听证会的结构和时间安排。

本组沟通主题选择及原因是什么？
在沟通准备过程中遇到了哪些困难？
上述困难是如何解决的？

（三）开展模拟听证会

实验要求：各小组布置模拟邻避危机沟通现场，依次开始进行模拟邻避危机沟通实验；主持人（政府组织者）介绍此次危机沟通的背景、目的和议程，宣布听证会开始；各利益相关方代表就危机沟通主题进行陈述，阐述各自的观点和立场；专家、媒体等代表对陈述人的观点进行质询，提出问题并质疑;各方就听证会主题进行辩论,进一步阐述和辩护自己的观点;最后对危机沟通讨论进行总结,提炼出各方的共识和分歧,提出后续工作建议。同时,授课教师和其他学生注意观察记录,为后续总结点评做好准备。

本组危机沟通重点陈述的观点有哪些?
在危机沟通开展过程中遇到了哪些困难?
上述困难是如何解决的?

(四) 现场互动

实验要求:安排学生在模拟邻避危机沟通现场进行提问互动,其他学生可以扮演观众角色,提出问题或对听证会的进程进行反馈,并由主持人负责筛选出有代表性、有讨论价值的问题。

本组危机沟通中收到了哪些现场提问？
在回答问题时存在哪些困难？
上述困难是如何解决的？

（五）总结点评

实验要求：各组学生依次展示结束后，进行自我总结，指出本次模拟邻避危机沟通的亮点和不足；各组之间进行互评，从邻避危机沟通的组织、流程、表现等方面进行评价，并提出建设性的意见和建议。同时，授课教师根据观察记录，对各组的表现进行总结点评，指出各组优点和需要改进的地方。

对本次实验进行总结。
复盘整个听证会过程,本组遇到的棘手问题有哪些?
上述问题是如何解决的?

五、个人总结与思考

完成实验后,请撰写总结报告,总结自己在实验过程中的表现及学到的知识和技能,并提出改进意见。(实验总结报告可单独打印)

六、指导教师评价

(一)过程评价(50%,满分100)		
评价指标	得分	总分
实验准备和出勤(20分):评估学生在实验前的准备工作,包括熟悉实验目的、方法和操作步骤,了解所需的实验设备和材料,具备必要的基础理论知识和操作技能等,按时全程参与实验		
实验操作(20分):评估学生在实验过程中的操作能力,包括正确设置和调整实验参数,准确、规范地进行所需的操作步骤,灵活应对实验中可能出现的问题和困难等		
实验分析(20分):评估学生对实验数据的处理和结果分析能力,包括正确、完整地记录和整理实验数据,合理进行数据分析,准确、有逻辑地解读实验结果,能够进行总结并给出解决办法		
总结报告的撰写(40分):评估学生撰写总结报告的能力,包括格式规范,内容完整,条理清晰,实验数据记录正确、充分、完整,分析详细透彻,心得体会深刻,有创意,论述合理详细,有自己的见解等		
(二)结果评价(50%,满分100)		
评价指标	得分	总分
陈述观点内容的合理性(30分)		
听证会流程设计的合理性(30分)		
居民的认可程度和满意度(40分)		
最终成绩		

实验2　网络舆情回应实验

（建议学时：2）

一、实验概述

本实验以网络舆情回应相关理论为基础，通过模拟真实的网络舆情事件，让学生以角色扮演的形式参与舆情事件回应及后续处理过程。实验借助专业的网络舆情模拟软件，提供多样化的舆情事件情境，学生在模拟环境中扮演政府、企业、媒体等不同角色，根据各自职责进行舆情监测、分析研判、信息发布、危机公关等操作，根据舆情回应的处理原则及设定的评价指标权重，对团队的操作结果进行评分。学生在完成实验后，撰写实验报告，回顾自己在舆情回应过程中的表现，提升对网络舆情回应的理解和实际应用能力。

二、实验目标

（1）通过解决实际问题，加深学生对网络舆情回应相关理论知识的理解与掌握。

（2）通过角色扮演和模拟操作，提高学生应对网络舆情事件时的决策与回应能力。

（3）通过小组合作，培养学生的沟通交流与协作能力，增强学生的危机意识，使学生能够在真实环境中更加敏锐地识别并应对网络舆情事件。

三、实验前置知识点

（一）网络舆情

在虚拟网络空间和互联网社会中，作为信息传播主体的网民根据关乎个人兴趣、切身利益的中介性社会事件的变动情况，自发或经人有意识引导后产生的、表达的或未公开表达的情绪、态度、意见和信念的合集，具有多元共现性、交互性、即时性、聚众性等特征。网络舆情回应的基本原则包括及时性原则、准确性原则、主动性原则和适度性原则。

（二）网络舆情监测概述

网络舆情监测是搜索引擎技术发展到一定阶段的产物。它通过对相关主题某相关数据的抓取分析，并对网络舆情的现状、原因、趋势等进行观察、梳理和判断，形成不同形式的报告、图表等分析结果，以满足掌握网络舆情和追踪新闻等的信息需求，对网络舆情进行动态式观察。网络舆情监测是一个完整的流程，通过信息的采集，获取采集后产生的效果，并不断调整引导策略，达到化解公共危机、稳定舆情的效果。

（三）危机公关概述

危机公关是指机构或企业为避免或者减轻危机所带来的严重损害和威胁，从而有组织、有计划地学习、制定和实施一系列管理措施和应对策略，包括危机的规避、控制、解决以及危机解决后的复兴等不断学习和适应的动态过程。危机公关的原则包括承担责任原则、真诚沟通原则、速度第一原则、系统运行原则和权威证实原则。

四、实验步骤与内容

（一）课前引导

实验要求：上课前一周发布实验任务，以当前某一热点舆情事件为案例，根据事件中的不同参与主体，将全班分为不同组，根据各组具体分工，布置事件信息资料收集、事态发展规律思考、应对关键环节提取等任务，引导学生做好实验准备。同时，注意强调实验过程中的纪律要求、实验考核要求和实验评分细则。

（二）分组研讨

各组分别扮演政府部门、媒体、网民等角色，根据危机情景，进行舆情回应模拟，包括舆情动态监测、研判、回应策略制定等环节。

简述在实验中自己的回应策略。
在回应过程中遇到的困难有哪些？
解决对策是什么？

（三）经验总结

模拟结束后，各组分享经验、分析不足，由教师和同学共同评估各组的表现，包括信息处理的准确性、回应策略的有效性、沟通技巧的运用等，总结归纳网络舆情回应过程的流程与技巧，并填写实验报告。

请评估所在小组的总体表现。
在模拟过程中收获的经验是什么？
在模拟过程中存在的不足是什么？

（四）案例回顾

案例：选取国内外网络舆情回应的成功案例与失败案例进行对比分析。

分析要点：舆情回应时机、权威信息发布时机、舆情回应流程、应用的技巧（情感共鸣与理性引导）以及回应效果评估。

简述所选择的两个案例。
所选择的成功案例与失败案例的共同点是什么？
上述两个案例的不同点是什么？

五、个人总结与思考

完成实验后，撰写总结报告，总结自己在实验过程中的表现及学到的知识和技能，并提出改进意见。（实验总结报告可单独打印）

六、指导教师评价

评价指标	总分	得分
回应策略的有效性	20 分	
数据分析与处理能力	20 分	
团队协作与沟通能力	20 分	
舆情分析的深度	20 分	
实验报告的质量与完整性	20 分	
总分	100 分	

实验3　网络舆情管理实验

（建议学时：2）

一、实验概述

本实验旨在通过情景模拟和案例分析，使学生全面了解网络舆情管理工作的相关内容及重要性，深入理解网络舆情的形成、传播及影响机制，理解网络舆情在现代社会中的影响力及管理难度，并运用舆情管理的核心理论和实战技巧更好地应对网络舆情，提升学生的危机沟通和舆情应对能力，提高学生的创新思维和问题综合解决能力。通过本次实验，将网络舆情管理的理论知识与实际操作相结合，使学生能够在实际操作中学习如何监测、分析、预警及应对网络舆情，加深学生对课程内容的理解和掌握。

二、实验目标

（1）了解网络舆情管理工作的相关内容，掌握网络舆情管理的核心要素。

（2）通过解决实际问题启发并加深学生对于网络舆情管理效果评估相关理论知识的理解与掌握。

（3）在模拟的舆情危机中，通过团队合作，提升应急响应和沟通协调能力，促进团队精神的形成。

三、实验前置知识点

（1）新闻舆情监测系统。如新华网的“舆情在线”提供网络舆情监测与分析的系列产品和服务，包括全国乃至全球网络舆情监测业务、电视台舆情监测研判业务、危机公关等。“舆情在线”包括网络监测和微博监测两大系统舆论引导服务，囊括PC端服务、手机服务、平板服务三大平台，舆情监测范围包括网络媒体、微博论坛、平面媒体、电视媒体。此外，“舆情在线”还推出了7天×24小时人工预警服务。

（2）社交舆情监测系统主要是指针对当前存在的社交媒体软件进行网络舆情监测。如新浪舆情通主要对新浪舆情进行监测，而以清博大数据为代表的工具主要对微信舆情进行监测。

(3) 全网舆情监测系统的覆盖范围较广,其优势在于能够对互联网实行24小时的有效舆情监测。例如,识微商情舆情监测系统可以对突发舆情进行及时预警和监测,同时还能生成具有参考性的舆情报告。

四、实验步骤与内容

(一) 案例导入

2021年4月,一位网友在广台高速一岔道口因交通违法而接到罚单,他发现,缴纳罚单的交款系统显示,在此处有交通违法行为的超过62万人。

4月10日,有微博用户发布一段无人机拍摄的视频显示,该一岔道口为"Y"字形,衔接岔路口的白色实线长度较短,不少车辆行驶向左边车道时,容易出现视觉上的误差,压到右边的白色实线,该视频还显示,3分钟内共有27辆车压线交通违法。

4月12日,央视新闻就此事发表评论称,短短3分钟,27人"中招",这个名不见经传的岔道口,因罚款总额惊人,网友谑称该地为"印钞机器",这说明此处交通标识的设置,存在争议之处。一些被罚车主对该地点的处罚提出了质疑,引发舆论热议。

4月12日晚,佛山市交警官方微博对此事进行了通报,称该处"电子警察"抓拍设备于2020年3月18日启用,经核查,截至2021年4月1日,累计抓拍交通违法行为184 373宗,网民反映某商业App显示"共有624 149人在该处违章"与实际情况不符。通报回应称,在交警部门的协调下,相关单位即日起对该路段标志标线集中进行优化改进。(《广东佛山一高速路口一年62万车主被罚1.2亿?》,载光明网2021年4月13日,https://m.gmw.cn/baijia/2021-04/13/1302228747.html)

(二) 分组研讨

各小组讨论针对此次网络舆情,该市公安交警部门应如何开展网络舆情管理工作。根据讨论结果制定舆情应对策略,评估此次事件中该市公安交警部门开展网络舆情管理工作的效果。

案例中公安交警部门开展网络舆情管理工作的效果如何?
请给出舆情管理策略。

(三)总结反馈

通过各组展示和模拟应对过程对舆情管理的效果进行评估,指出存在的问题和改进方向并给出有效建议。

此次网络舆情管理实验中的收获有哪些?

存在的不足有哪些？

（四）案例回顾

教师提供经典网络舆情管理案例，引导学生分析其成功或失败的原因，组织学生就网络舆情管理的热点、难点问题进行研讨，结合现有的网络舆情政策，让学生发表自己的观点和看法。

请分别选择一个成功案例和一个失败案例，分别分析其原因。
网络舆情管理中，你最感兴趣的问题是什么？

五、个人总结与思考

完成实验后，撰写总结报告，总结自己在实验过程中的表现及学到的知识和技能，并提出改进意见。（实验总结报告可单独打印）

六、指导教师评价

评价指标	指标描述	满分	得分
任务进度	评估学生在实验过程中完成任务的速度和质量	30 分	
团队协作	评估学生在小组合作中的沟通、协调和分工能力	22 分	
创新思维	评估学生在解决问题时是否能提出新颖独特的观点和方法	22 分	
综合素养	评估学生在整个实验过程中所展现出的专业素养、道德品质和责任感	26 分	
总分		100 分	

3

拓展篇

应急管理能力实践

1　能力素质拓展训练

姓名：____________　学号：____________

专业：____________　班级：____________

组序：____________　学期：____________

一、实训概述

本实训设计多种团队建设游戏和挑战，旨在通过团队建设活动，让学生在轻松愉快的氛围中相互了解、增进友谊，提升团队的整体协作效率和凝聚力，增强学生的团队协作能力、沟通能力和信任感。实训过程中，学生将分组进行各项活动，并通过集体讨论，总结活动中的经验教训，促进个人和团队的共同成长。

二、实训目标

（1）通过团队建设活动，增强学生的团队意识和协作能力。

（2）通过团队挑战，提升学生的沟通能力和解决问题能力。

（3）通过集体讨论，帮助学生总结团队建设中的经验教训，促进个人和团队共同成长。

三、实训前置知识点

能力素质拓展训练不仅是增强团队凝聚力、提升成员间默契度的关键手段，还是确保团队在紧急情况下能够迅速、高效响应的有力保障。有效的能力素质拓展训练能够深化团队成员之间的了解与信任，这种深厚的团队情谊在紧急时刻能够转化为强大的行动力。

在突发事件或紧急状况发生时，时间就是生命，效率决定成败。经过良好训练的团队，成员间沟通更为顺畅，能够迅速理解彼此意图，减少误解和延误，从而加快应急响应速度。同时，能力素质拓展训练过程中培养出的协作精神和集体荣誉感，能激励每个成员在关键时刻挺身而出、勇于担当、共同面对挑战，这种团队合力是任何单个个体难以比拟的。

（一）名字接龙

成员们围坐或站成一个圈，第一个人说出自己的名字，第二个人需要重复第一个人的名字，并加上自己的名字，以此类推。例如，第一个人说“张三”，第二个人说“张三，李四”，第三个人说“张三，李四，王五”，以此类推。如果有人在接龙过程中出现错误（如忘记重复前面的名字或顺序错误），则需要重新开始或接受一个小惩罚（如表演一个小节目）。

(二) 快速问答

事先准备一系列问题,可以是关于个人兴趣爱好、生活经历、知识点等。成员们轮流快速提问和回答,每个问题必须在短时间内(如 5 秒内)给出答案。如果回答者超时或无法回答,则需要接受一个小惩罚(如表演一个小节目等)。

(三) 信任背摔

选择一个安全、平坦的场地,确保周围没有障碍物。一名成员站在一定高度的平台或垫子上(高度可根据实际情况调整,一般不超过 1.5 米),向后倒下。其他成员则站在该倒下成员的后方,两两之间保持一定距离,组成一个人墙,用双手和手臂接住倒下的成员。倒下成员在倒下过程中应保持身体挺直,头部向后仰,不要用手臂或腿部支撑。

(四) 盲人方阵

所有团队成员蒙上眼睛,确保完全看不到外界。由队长或指定的成员担任指挥,通过口头指示(如“向前走两步”“向左转”等)引导其他成员完成任务。任务可以是搭建一个特定形状的结构(如正方形、三角形等),或者将一系列物品按照特定顺序排列。在完成任务的过程中,团队成员之间需要频繁沟通,以确保任务顺利进行。

(五) 接力竞赛

设计一系列接力项目,如传球接力、搬运重物接力等。成员分成若干小组,每组站在起点线上。比赛开始后,第一名成员迅速完成规定的任务(如将球传给下一位成员、搬运重物到指定地点等),然后返回起点与下一位成员击掌交接。下一位成员继续完成任务,以此类推。比赛结束时,用时最短的小组获胜。

(六) 问题解决挑战

给出一个问题或情境,如“如何在有限的时间内将一箱物品从 A 点搬运到 B 点,且 A 点和 B 点之间有一个障碍物”团队成员需要在规定时间内共同商讨解决方案。解决方案可以包括制作工具、改变搬运路线、分工合作等多种方式。讨论结束后,团队成员需要按照解决方案付诸行动,完成任务。

四、实训内容与步骤

项目	内容	思考题	心得
团队组建	1. 分组	分组过程中，如何分组更有利于团队合作？	
		所在小组的成员构成有哪些优势和劣势？	
	2. 选队长	队长选举过程中，哪些因素影响了选举结果？	
		队长在团队活动中起到了什么作用？	
团队建设活动	1. 破冰游戏	通过破冰游戏，对团队成员有了哪些新的了解？	
		这些游戏有助于打破陌生感吗？为什么？	
	2. 信任背摔	在信任背摔中，作为倒下或被接住的一方，有什么感受？	
		这个活动能增强对团队成员的信任感吗？	
	3. 盲人方阵	在盲人方阵中，沟通的重要性是如何体现的？	
		如何确保自己的行动与团队保持一致？	
	4. 接力竞赛	接力竞赛中，所在团队是如何分工合作的？	
		在竞赛中，遇到了哪些挑战？是如何克服的？	

（续表）

项目	内容	思考	心得
团队挑战	1. 问题解决挑战	在问题解决挑战中，所在团队是如何集思广益的？	
		最终选择的解决方案是基于哪些考虑？	
		在此过程中有哪些收获和不足？	
	2. 限时任务	限时任务对所在团队的协作效率有何影响？	
		在有限的时间内，是如何分配任务和资源的？	

五、个人总结与思考

成员结合自身参与情况，总结此次实训的收获与感悟，包括团队合作、沟通协作、创新思维及责任意识等方面的提升。同时，思考如何在日常学习和工作中更好地运用这些经验，为个人和团队发展贡献力量。

描述在此次实训中团队合作的具体收获和感悟。
分析在团队合作中沟通协作的重要性，以及通过哪些活动或挑战提升了团队的沟通协作能力。

在团队挑战和问题解决的过程中，是如何激发创新思维的？如何将这些创新思维应用到实践中？
在实训中，是如何增强个人和团队责任感的？如何在未来更好地承担责任？
总结在此次实训中遇到的主要挑战和困难以及经验和教训。
如何在日常学习和工作中，更好地运用团队建设和合作的经验为个人和团队发展贡献力量？

六、指导教师评价

（一）过程评价(100%，满分70)		
评价指标	得分	总分
考勤(20分)		
个人在团队中的表现(30分)：如领导力、协调力、执行力等		
清晰、有效的沟通表达能力(20分)：如在自我展示环节中的表现		

（二）结果评价(100%，满分30)		
评价指标	得分	总分
总结报告的撰写(30分)：评估学生撰写总结报告的能力，包括格式规范，内容完整，条理清晰，实践数据记录正确、充分、完整，分析详细透彻，心得体会深刻，有创意，论述合理详细，有自己的见解等		
最终成绩		

2 应急能力综合实训

姓名：____________ 学号：____________

专业：____________ 班级：____________

组序：____________ 学期：____________

实训1　应急职业素养训练

（建议学时：6）

一、实训概述

本实训旨在通过理论讲解和拓展训练，帮助学生了解应急职业素养的基本要素，培养学生职业精神，同时提高学生未来工作所需要的技能。

二、实训目标

（1）了解应急职业素养的基本要素。
（2）通过拓展训练，增强学生的身体素质和职业精神。
（3）培养学生的应急执行能力和团队协作精神。

三、实训前置知识点

（一）应急职业范畴

应急职业范畴主要涵盖了突发事件前管理、事中处突和事后恢复所需的各种岗位。这些职业包括但不限于安全管理人员、应急管理人员、应急救援人员等。应急职业人员通过专业的培训和装备，能够在紧急情况下迅速出动，提供救援、救助、抢险、撤离等服务，最大限度地减少灾害损失，保护人民的生命安全。

（二）应急职业素养

应急职业素养是指应急职业人员必须具备的基本素质和职业能力。

1. 应急职业基本素质

政治意识：应急人员必须具备坚定的政治立场、敏锐的政治观察力和洞察力，善于从纷繁复杂的各种现象中辨明方向，把握倾向，反映动向。

服务意识：应急人员要密切跟踪了解突发事件动态和处置情况，关注群众所需，为领导决策提供参考，为基层工作做好引导，更好地服务人民群众。

群众意识：一方面要把人民群众的利益放在首位，关心群众，了解民情、掌握民意、体察民心、反映民愿；另一方面在预防和处置突发事件的过程中，要充分发挥人民群众的作用。

学习意识：应急管理工作涉及面广、标准高、要求严，要想胜任工作，就必须加强学习，不断提高自身的思想水平和业务能力。

信息感知与收集能力：应急人员要时刻保持对各类事件信息的敏感性，及时感知、迅速收集突发事件信息，切实做到早发现、早报告。

综合分析研判能力：通过各种渠道收集来的信息往往是零乱、无序和彼此孤立的，这就需要应急人员熟练掌握各种综合分析研判方法，分析研判出事态预警性突发事件信息真实情况和可能发展的趋势。

表达能力：应急人员要准确运用语言文字，从口头上和书面上客观反映并准确描述突发事件发生、发展的详细情况。

协调能力：应急人员必须协调各级各类有关部门和单位，才能有效组织、快速反应、高效运转，共同应对和处置突发事件。

2. 应急职业核心能力

应急职业核心能力是指应急人员或组织在遭遇突发事件时，能够快速响应、有效应对的关键能力。

预防与减灾能力：做好应急预案，进行风险评估和演练，确保在突发事件发生时能够迅速响应，并采取有效的预防和减灾措施，降低灾害损失。

应急准备能力：建立健全应急管理体系，加强应急资源储备和应急队伍建设，提高应急响应速度和效率。

监测与预警能力：建立完善突发事件监测预警机制，及时发现和预警突发事件，为应急响应提供有力支持。

应急响应能力：在突发事件发生后，迅速启动应急预案，组织救援队伍进行现场救援和人员疏散，确保人民群众的生命财产安全。

恢复重建能力：在突发事件结束后，进行现场清理和恢复工作，帮助受灾人员恢复正常生活，重建家园。

（三）应急职业的价值理念

“对党忠诚、纪律严明、赴汤蹈火、竭诚为民”是新时代消防救援队伍的训词，同时也是应急职业的核心价值观、根本宗旨和职业操守。

一是始终对党忠诚，坚持党的绝对领导，增强“四个意识”，坚定“四个自信”，全面贯彻习近平新时代中国特色社会主义思想，坚定理想信念，坚决维护党中央权威和集中统一领导，坚决听从党的号令，永远做党和人民的忠诚卫士。

二是做到纪律严明，坚持纪律部队建设标准，弘扬光荣传统和优良作风，严格教育、严格训练、严格管理、严格要求，服从命令、听从指挥，集中统一、步调一致，用铁的纪律打造铁的队伍。

三是敢于赴汤蹈火，时刻听从党和人民召唤，保持枕戈待旦、快速反应的备战状态，练就科学高效、专业精准的过硬本领，发扬英勇顽强、不怕牺牲的战斗作风，刀山敢上，火海敢闯，召之即来，战之必胜。

四是永远竭诚为民，自觉把人民放在心中最高位置，把人民褒奖作为最高荣誉，在人民群众最需要的时候冲锋在前，救民于水火，助民于危难，给人民以力量，在服务人民中传递党和政府温暖，为维护人民群众生命财产安全而英勇奋斗。

四、实训内容与步骤

（一）应急职业素养讲授

请简要概述应急职业的发展历程	
应急职业的内涵与外延	
应急职业的能力要素	

（二）应急职业素养学习（观看危急时刻相关纪录片或电影）

请描述你印象最深的一个场景	
描述上述场景带给你的感触	
描述对应急职业理想信念的理解	

（三）应急职业素养实训（山地团队拉练）

拓展训练	请描述山地拉练中是如何保持体力和节奏感的？
团队协作	在团队活动中，采取了哪些策略来提升团队协作效率？

五、实训报告与总结

通过此次实训，你有哪些收获？请写下你的感悟。（页面不够可自行打印报告）

实训 2　应急处置能力训练

（建议学时：8）

一、实训概述

本实训通过讲授与实战演练相结合的方式，帮助学生掌握应对自然灾害、事故灾难、公共卫生事件和社会安全事件的知识与技能，提升学生的应急处置能力。

二、实训目标

（1）掌握应对各类突发事件的知识与技能。
（2）通过实战演练，提升学生的应急处置能力。

三、实训前置知识点

（一）应以地震灾害的知识与技能

应对地震的关键在于预防与迅速响应。政府应加强地震预警系统的建设，确保信息能够迅速准确地传达给公众。同时，公众也应学习地震应急知识，掌握地震发生时应采取的正确的自救和他救方式，熟悉避难所位置及进行必要的物资储备。

（二）应对水灾的知识和技能

应对水灾，政府应加强水利设施建设与维护，如加固堤防、疏浚河道以及建立洪水预警和疏散机制。公众应了解并遵循当地水灾应急效果，准备应急包，包括食物、水、急救用品和必要的保暖设备，并在接到疏散指令时立即行动。

（三）应对气象灾害的知识和技能

对于台风、暴雨等气象灾害，气象部门需提前发布预警信息，公众应密切关注并做好准备，如加固易受风害的建筑、清理排水系统以防积水、减少外出等。同时，储备足够的应急食品和药品以及防水防潮的生活必需品。

(四) 应对火灾的知识和技能

面对火灾,预防措施尤为重要,包括定期检查电气设备、不乱丢烟头、确保消防通道畅通无阻等。企业应配备灭火器,并至少每年进行一次消防演练,提高员工的自救互救能力。此外,了解并遵循当地消防部门的指导也是关键。

(五) 应对生产安全灾难的知识和技能

针对生产安全灾难,如化学品泄漏等,政府和相关部门需建立快速响应机制,确保专业救援队伍能迅速到达现场。公众应学习基本的自救技巧,了解如何在紧急情况下保护自己和他人,同时保持冷静,遵循官方指示行动。

四、实训内容与步骤

(一) 应急处置的知识与技能讲授

请及时记录以下主要知识点。

应对地震灾害的知识点	
应对地质灾害的知识点	

应对气象灾害的知识点	
应对火灾的知识点	
应对水灾的知识点	
应对危化品事故的知识点	

应对建筑工地事故的知识点	
应对燃气安全事故的知识点	
应对公共场所安全事故的知识点	
应对环境污染事件的知识点	

应对食品安全的知识点	
应对突发性传染病的知识点	
应对恐怖袭击的知识点	
应对群体性事件的知识点	

(二)应急处置能力实训

请及时记录以下主要技术要点。

个体防护装备的分类	
火灾扑救个体防护装备的使用要点	
救援抢险个体防护装备的使用要点	
水域救援个体防护装备的使用要点	

绳索营救装备的划分	
救援绳索的分类与作用	
绳结打法的方法要点	
绳索使用注意事项	

绳结操作安全准则	
瓦砾移除技术的知识要点：提升并稳固重物	
瓦砾移除技术的知识要点：滚动重物	
瓦砾移除技术的知识要点：牵拉拖拽重物	

瓦砾移除技术的知识要点：千斤顶顶升重物	
无线电基础知识要点	
无线电设备知识要点	
现场救援小分队内部通信技巧	

现场指挥官与应急指挥部之间的通信技巧	
无线电对讲机通信技巧	
通信程序知识要点	
紧急信号知识要点	

USAR 标记系统知识要点	
搜索技术知识要点	

五、实训报告与总结

通过此次实训，你有哪些收获？请写下你的感悟。（页面不够可自行打印报告）

实训3 应急救援能力训练

（建议学时：8）

一、实训概述

本实训通过讲授与实战演练相结合的方式，帮助学生掌握应急防护技术、医疗救护技术和应急救援技术，提升学生的应急救援能力。

二、实训目标

(1) 掌握应急救援的各类知识与技能。
(2) 通过实战演练，提升学生的应急救援能力。

三、实训前置知识点

(一) 三角巾包扎法

三角巾包扎法是一种简单而有效的急救手段。它利用三角形状的绷带，通过巧妙的包裹方式实现对伤口的固定和止血，广泛应用于处理头部、胸腹部、肩部、手臂、腿部等部位的创伤。三角巾包扎法的优点在于制作简单、使用方便、容易掌握，且包扎面积大，能够有效地保护伤口，减少感染，压迫止血，固定骨折，并减少患者的疼痛感。在实际操作中，根据受伤部位和包扎需求的不同，三角巾包扎法可以分为多种类型，如头巾式包扎法、风帽式包扎法、单侧面部包扎法、面具式包扎法、双眼包扎法以及针对胸部、手臂、小腿等部位的包扎法。每种包扎法都有特定的操作步骤和注意事项，以确保包扎的有效性和安全性。

(二) 心肺复苏技术

心肺复苏是针对心脏骤停和呼吸停止采取的急救技术。在心脏骤停发生的黄金时间内，有效实施心肺复苏能够恢复患者的自主呼吸和自主循环，为进一步的抢救赢得宝贵时间。心肺复苏的标准步骤包括胸外按压和人工呼吸。在进行心肺复苏时，救援人员需要确保患者处于安全的环境中，检查患者的意识和呼吸，若均无，则立即拨打急救电话并开始进行心肺复苏。持续的胸外按压能够维持血液循环，人工呼吸则有助于恢复患者的呼吸功能。

（三）海姆立克急救法

海姆立克急救法是一种用于急救呼吸道梗阻的方法。它主要用于处理因异物阻塞气道导致的窒息。海姆立克急救法的原理是利用冲击腹部产生的向上压力，压迫两肺下部，驱使肺部残留空气形成一股气流，将堵住气管、喉部的异物去除。这种方法适用于成人、儿童以及婴儿，但针对不同年龄段的人群，急救方法略有差异。

四、实训内容与步骤

（一）应急救援知识与技能的讲授与实操

请及时记录以下主要知识点和技术要点。

医疗防护装备	
医疗防护装备的使用	
消毒	

医疗废物管理	
检伤分类	
止血技术	
包扎技术	

烧烫伤处置	
运动损伤处置	
触电处置	
淹溺处置	

脊柱受伤处置	
突发急症处置	
气道异物梗阻处置	
心肺复苏	

伤员转运	
心理援助	

（二）应急救援能力大比武

请评估自身在技能比武中的表现	
请评估所在小组在技能比武中的表现	

应急救援中哪个环节难度最大？是如何克服的？	

五、实训报告与总结

通过此次实训，你有哪些收获？请写下你的感悟。（页面不够可自行打印报告）

实训 4　应急能力社会实践

（建议学时：10）

一、实践概述

本实践通过在社区参与应急工作和进行应急知识科普宣讲等活动，将所学知识应用于实践，培养学生的社会责任感和应急管理能力。

二、实践目标

（1）通过社会实践，增强学生的社会责任感和团队协作能力。

（2）通过社区应急知识科普宣讲，提升学生的应急宣传教育能力。

三、实践前置知识点

社会实践是一种将理论知识应用于实际生活中的重要教育途径。

（1）明确实践目标。这是整个社会实践的起点，参与者需要根据自己的兴趣和专业背景，结合社会热点和实际需求，确定一个具体而有意义的实践目标。这一目标应当具有可操作性和可衡量性，以便在实践结束后进行有效评估。

（2）撰写实践方案，并进行前期准备。这一阶段包括撰写实践项目方案书，组建实践团队、制订详细的实践计划、明确团队成员分工、准备必要的物资和设备等。此外，还需要对实践地点进行调研，了解当地的实际情况和潜在问题，以便在实践过程中能够进行合理的调整和应对。

（3）进入实践实施阶段。在这一阶段，参与者需要按照计划开展各项活动，如实地调查、访谈、问卷调查、志愿服务等。在实践过程中，要注重与当地居民的沟通和交流，深入了解他们的需求和期望，同时也要做好数据的记录和整理工作，为后续的总结和分析提供可靠的依据。

（4）实践成果总结。这一步骤包括撰写实践报告、制作 PPT 或视频等形式的成果展示材料并组织团队成员进行交流和分享。在总结过程中，要客观分析实践的成效和不足，提炼出有价值的经验和教训。同时，也要对实践过程中出现的问题进行总结，提出改进措施和建议，以便在未来的社会实践中能够更好地发挥作用。

四、实践内容与步骤

(一)社会实践项目方案书(方案书可另行打印)

<table>
<tr><td>项目名称</td><td colspan="2"></td></tr>
<tr><td rowspan="2">小组负责人</td><td>姓名:</td><td>专业、班级:</td></tr>
<tr><td>手机号码:</td><td>邮箱:</td></tr>
<tr><td>实践目标</td><td colspan="2"></td></tr>
<tr><td>项目内容简介</td><td colspan="2">(实践时间、地点、成员构成、形式、内容概述等)</td></tr>
<tr><td>项目可行性论述</td><td colspan="2">(简要说明该实践项目的资料收集情况、前期准备情况、研究基础、依托基地、指导力量等)</td></tr>
<tr><td>团队成员具体情况</td><td colspan="2">(姓名、性别、专业班级、手机号码、团队分工等)</td></tr>
<tr><td>安全预案</td><td colspan="2"></td></tr>
<tr><td>实践成果形式</td><td colspan="2">请在对应的(　　)内划“√”
(　　)1. 调查报告
(　　)2. 研究报告
(　　)3. 社会实践论文
(　　)4. 视频资料(如微电影等)
(　　)5. 国内有较强影响力的新闻媒体报道
(　　)6. 其他</td></tr>
<tr><td></td><td colspan="2"></td></tr>
<tr><td>指导老师意见</td><td colspan="2">签字:
年　月　日</td></tr>
</table>

（二）实践优秀项目申报表（申报表可另行打印）

<table>
<tr><td>团队名称</td><td colspan="3"></td></tr>
<tr><td>实践主题</td><td colspan="3"></td></tr>
<tr><td>实践地点</td><td></td><td>实践时间</td><td></td></tr>
<tr><td>团队人数</td><td></td><td>负责人</td><td></td></tr>
<tr><td colspan="4">主要事迹：（含实践内容、主要成果、实践亮点、社会评价等，不少于500字）</td></tr>
<tr><td>指导老师意见</td><td colspan="3">签字：
年　月　日</td></tr>
</table>

（三）实践优秀个人申报表（申表请可另行打印）

<table>
<tr><td>姓名</td><td>性别</td><td>出生年月</td></tr>
<tr><td>政治面貌</td><td>专业、年级</td><td>联系方式</td></tr>
<tr><td colspan="3">所在实践团队名称</td></tr>
<tr><td colspan="3">主要事迹：</td></tr>
<tr><td>指导老师意见</td><td colspan="2">签字：
年　月　日</td></tr>
</table>

五、指导教师评价

<table>
<tr><td colspan="3">（一）过程评价（100%，满分 60）</td></tr>
<tr><td>评价指标</td><td>得分</td><td>总分</td></tr>
<tr><td>实训 1～3 的表现（30 分）：评估学生在实训过程中的参与能力，包括积极参与实训教学的互动环节，完成实训步骤，灵活应对实训中可能出现的问题和困难等</td><td></td><td rowspan="3"></td></tr>
<tr><td>实训 4 的团队表现（15 分）</td><td></td></tr>
<tr><td>实训 4 的个人表现（15 分）</td><td></td></tr>
<tr><td colspan="3">（二）结果评价（100%，满分 40）</td></tr>
<tr><td>评价指标</td><td>得分</td><td>总分</td></tr>
<tr><td>社会实践成果（20 分）：根据成果的数量和质量进行打分</td><td></td><td></td></tr>
<tr><td>总结报告的撰写（20 分）：评估学生撰写总结报告的能力，包括格式规范，内容完整，条理清晰，实训数据记录正确、充分、完整，分析详细透彻，心得体会深刻，有创意，论述合理详细，有自己的见解等</td><td></td><td></td></tr>
<tr><td>最终成绩</td><td colspan="2"></td></tr>
</table>